근현대 전법 선맥(傳法禪脈)

75조 경허 성우(鏡虛 惺牛) 전법선사

오도송

홀연히 콧구멍 없는 소 되라는 말끝에
삼천계가 내 집임을 단박에 깨달았네
유월의 연암산을 내려가는 길에서
일없는 야인이 태평가를 부르노라

忽聞人語無鼻孔
頓覺三千是我家
六月鷰岩山下路
野人無事太平歌

76조 만공 월면(滿空 月面) 전법선사

전법게

구름과 달, 산과 계곡이라, 곳곳에서 같음이여
선가의 나의 제자 수산의 큰 가풍일세
은근히 무문인을 그대에게 분부하니
이 기틀의 방편이 활안 중에 있노라

雲月溪山處處同
叟山禪子大家風
慇懃分付無文印
一段機權活眼中

* 제75조 경허 성우 전법선사 전함 / 제76조 만공 월면 전법선사 받음

77조 전강 영신(田岡 永信) 전법선사

전법게

불조도 전한 바 없어서
나 또한 얻은 바 없음을…
가을빛 저물어 가는 날에
뒷산의 원숭이가 울고 있네

佛祖未曾傳
我亦無所得
此日秋色暮
猿嘯在後峰

* 제76조 만공 월면 전법선사 전함 / 제77조 전강 영신 전법선사 받음

78대 대원 문재현(大圓 文載賢) 전법선사

전법게

부처와 조사도 일찍이 전한 것이 아니거늘
나 또한 어찌 받았다 하며 준다 할 것인가
이 법이 2천년대에 이르러서
널리 천하 사람을 제도하리라

佛祖未曾傳
我亦何受授
此法二千年
廣度天下人

부송(付頌)

어상을 내리지 않고 이러-히 대한다 함이여
뒷날 돌아이가 구멍 없는 피리를 불리니
이로부터 불법이 천하에 가득하리라

不下御床對如是
後日石兒吹無孔
自此佛法滿天下

* 제77조 전강 영신 전법선사 전함 / 제78대 대원 문재현 전법선사 받음

이 오도송과 전법게는 대원 문재현 선사님께서 법리에 맞도록 새롭게 번역한 것입니다.

불조정맥 제 77조 대한불교 조계종 전강 대선사님께서는, 16세에 출가하여 23세 때 첫 깨달음을 얻고 25세에 인가를 받으셨다. 당대의 7대 선지식인 만공, 혜봉, 혜월, 한암, 금봉, 보월, 용성 선사님의 인가를 한 몸에 받으셨으며, 이 중 만공 선사님께 전법게를 받아 그 뒤를 이으셨다. 당대의 선지식들이 모두 극찬할 정도로 그 법이 뛰어나서 '지혜제일 정전강' 이라 불렸다.

33세의 최연소의 나이로 통도사 조실을 하셨고, 법주사, 망월사, 동화사, 범어사, 천축사, 용주사, 정각사 등 유명선원 조실을 역임하시고 인천 용화사 법보선원의 조실로 일생을 마치셨다.

1975년 1월 13일, 용화사 법보선원의 천여 명 대중 앞에서 "어떤 것이 생사대사(生死大事)인고?" 자문한 후에 "악! 구구는 번성(飜成) 팔십일이니라."라고 법문한 뒤, 눈을 감고 좌탈입망하셨다.

다비를 하던 날, 화려한 불빛이 일고 정골에서 구슬 같은 사리가 무수히 나왔다. 열반하시기까지 한결같이 공안 법문으로 최상승법을 드날리셨으니 그 투철한 깨달음과 뛰어난 법, 널리 교화하기를 그치지 않으셨던 점에 있어서 한국 근대 선종의 거목이라 일컬어지고 있다.

불조정맥 제78대 대원 문재현 전법선사님
– 양대 강맥 전강대법회에서 법문 중 할을 하시는 모습

오로지 정법만을 깨닫기 서원합니다.

입을 열면 정법만을 설하기 서원합니다.

중생이 다하는 그날까지 교화하기 서원합니다.

–대원 문재현 전법선사의 3대 서원

불교 8대 선언문

불교는 자신에게서 영생을 발견하게 한 유일한 종교이다.

불교는 자신에게서 모든 지혜를 발견하게 한 유일한 종교이다.

불교는 자신에게서 모든 능력을 발견하게 한 유일한 종교이다.

불교는 자신에게서 모든 것을 이루게 한 유일한 종교이다.

불교는 자신에게서 극락을 발견하게 한 유일한 종교이다.

불교는 깨달으면 차별 없어 평등하다는 유일한 종교이다.

불교는 모든 억압 없이 자신감을 갖게 한 유일한 종교이다.

불교는 그러므로 온 누리에 영원할 만인의 종교이다.

– 대원 문재현 전법선사 주창

전세계의 불교계에서 통일시켜야 할 일

경전의 말씀대로 32상과 80종호를 갖춘 불상으로 통일해야 한다.

예불 드리는 법을 통일해야 한다.

불공의식을 통일해야 한다.

– 대원 문재현 전법선사 주창

2015년 성불사 국제정맥선원 하계수련회 중 대원 문재현 선사님의 선화지도

대방광불화엄경

大 方 廣 佛 華 嚴 經

제 13 권

광명각품   보살문명품

光 明 覺 品   菩 薩 問 明 品

도서출판 문젠(구, 바로보인)은 정맥선원에서 운영하고 있습니다.

* 인제산(人濟山) 성불사(成佛寺) 국제정맥선원
  경기도 포천시 내촌면 소리개길 86-178 ☎ 031-531-8805
* 인제산(人濟山) 이룬절 포천정맥선원
  경기도 포천시 내촌면 소리개길 86-123 ☎ 031-532-1918
* 도봉산(道峯山) 도봉정사(道峯精舍) 서울정맥선원
  서울시 도봉구 도봉로 921 문젠빌딩 2층 ☎ 02-3494-0122
* 백양산(白楊山) 자모사(慈母寺) 부산정맥선원
  부산시 동래구 아시아드대로 114번길 10 대륙코리아나 2층 212호 ☎ 051-503-6460
* 자모산(慈母山) 육조사(六祖寺) 청도정맥선원
  경북 청도군 매전면 동산리 산 50 ☎ 010-4543-2460
* 광암산(光巖山) 성도사(成道寺) 광주정맥선원
  광주광역시 광산구 삼도광암길 34 ☎ 062-944-4088
* 대통산(大通山) 대통사(大通寺) 해남정맥선원
  전남 해남군 화산면 송계길 132-98 중정마을 ☎ 061-536-6366

바로보인 불법 ㉝

화 엄 경 13권

초판 1쇄 펴낸날 단기 4350년, 불기 3044년, 서기 2017년 5월 20일

역 저	**대원 문재현 선사**	
펴 낸 곳	도서출판 문젠(Moonzen Press)	
	11192, 경기도 포천시 내촌면 소리개길 86-178	
	전화 031-534-3373 팩스 031-533-3387	
신 고 번 호	2010.11.24. 제2010-000004호	
윤 문 교 정	진성 윤주영, 증연 강영미	
편 집 제 작	도명 정행태	
전자책 제작	도향 하가연	
표 지 그 림	현정(玄楨)	
인 쇄	가람문화사	

도서출판문젠 www.moonzenpress.com
정 맥 선 원 www.zenparadise.com
사막화방지국제연대(IUPD) www.iupd.org

ⓒ 문재현, 2017, Printed in Seoul, Republic of Korea
값 15,000원
ISBN 978-89-6870-013-2 04220
ISBN 978-89-6870-000-2 (전81권)

華嚴十無頌 화엄십무송

- 대원 문재현 선사

無相法性常顯前
상이 없는 법성은 언제나 드러나 있고

無性諸法如谷響
성품이 없는 모든 법은 골짜기에 메아리 같도다

無外作處是自在
밖이 없이 짓는 곳을 이 자재라 하는 것이니

無非華嚴大道場
화엄 대도량 아님이 없음이로다

無窮無盡光神通
궁구할 수 없고 다함 없는 광명의 신통에서

無不出生三千界
삼천대천세계가 나오지 않음이 없도다

無碍相卽大自在
걸림이 없이 서로 즉한 대자재여

無爲之法是日常
함이 없는 법이 일상이로다

無有定法隨狀況
정한 법 없어 상황을 따름이여

無上無爲妙菩提
위 없고 함이 없는 묘보리로다

바로보인 불법 ⑧

화엄경(華嚴經) 13권

대원 문재현 선사 역저

서 문

가없이 크고 넓어 광대함이여!
모양 없는 그 가운데 본래 갖춤
증득한 지혜인이라야 아네

남섬부주 일체의 나툼이여
본래의 갖춤에 비하자면
천만억분의 일도 안 된다네

이러-히 온통 온통함이여!
모두 갖춘 본연한 이 장엄을
'대방광불화엄'이라 하네

단기(檀紀) 4345년
불기(佛紀) 3039년

무등산인 대원 문재현
(無等山人 大圓 文載賢)

차 례

일러두기

1. 화엄경 본문을 지나치게 세밀하게 나누어 긴 주해를 싣지 않은 것은 그로 해서 원문의 흐름이 끊어지게 되지 않을까 하는 우려에서이다. 이런 까닭에 다만 수없이 장고(長考)하며 최대한 원문에 충실하게 번역하고 각권의 마지막이나 각품의 마지막에만 결문(結文)을 더하였다. 화엄경 본문이 이치적으로 더할 나위 없이 샅샅이 불화엄의 화장세계를 밝힌 것이라면 결문은 화엄경의 화장세계를 선(禪) 도리로 간략히 바로 끊어 보인 것이다. 이로써 경의 본뜻이 굴절 없이 전달되어 화엄의 세계가 독자의 세계가 되기를 바란다.

2. 요즈음 화엄경을 접한 이들이 최고의 경전이라 불리는 화엄경 첫머리부터 '신(神)'이라는 호칭으로 기록된 분들이 많은 것을 보고 의아하게 생각하는 경우가 있다. 화엄경의 첫머리인 세주묘엄품을 보면 이 '신(神)'이라는 호칭으로 기록된 분들이 불보살님의 화현이거나 보살마하살의 경지에서 행하는 분들임을 알 수 있다. 이런 까닭에 이 책에서는 '신(神)'을 '천제(天帝)'로 번역하였다. 예를 들면, '집금강신'은 '집금강천제'로 의역하였다. 천제는 그 세계를 다스리고 교화하는 분, 곧 깨달아, 삼매와 지혜와 덕과 신통과 방편과 변재를 갖추어서 다스리고 교화하는 분을 말한다.

3. 미주는 *로 표시하였다.

九 광명각품

爾時 世尊 從兩足輪下 放百億光明 照此三千大千世界 百
億閻浮提 百億弗婆提 百億瞿耶尼 百億鬱單越 百億大海
百億輪圍山 百億菩薩受生 百億菩薩出家 百億如來成正覺
百億如來轉法輪 百億如來入涅槃 百億須彌山王 百億四天
王衆天 百億三十三天 百億夜摩天 百億兜率天 百億化樂天
百億他化自在天 百億梵衆天 百億光音天 百億遍淨天 百
億廣果天 百億色究竟天 其中所有 悉皆明現 如此處 見佛
世尊 坐蓮華藏師子之座 十佛刹微塵數菩薩 所共圍繞 其百
億閻浮提中 百億如來 亦如是坐 悉以佛神力故

세존께서 양족륜으로 백억 광명을 놓아 삼천대천
세계를 비추시고, 모든 곳의 문수사리보살이 게송
을 말하다

이때 세존께서 양족륜*으로 백억 광명을 놓아 이 삼천대
천세계를 비추시니 백억 염부제와, 백억 불파제, 백억 구
야니, 백억 울단월, 백억 큰 바다, 백억 윤위산, 백억 보살
이 생을 받는 것, 백억 보살이 출가하는 것, 백억 여래*께
서 정각을 이루시는 것, 백억 여래께서 법륜을 굴리시는
것, 백억 여래께서 열반에 드시는 것, 백억 수미산왕, 백억
사천왕중천, 백억 삼십삼천, 백억 야마천, 백억 도솔천, 백
억 화락천, 백억 타화자재천, 백억 범중천, 백억 광음천,
백억 변정천, 백억 광과천, 백억 색구경천과 그 가운데 모
든 것이 모두 다 분명하게 나타났다.

이곳에서 부처님 세존께서 연화장 사자좌에 앉아 열 부
처님*세계 가는 티끌 수만큼의 보살들이 함께 둘러싸고 있
는 것을 보는 것과 같이, 그 백억 염부제 가운데 백억 여
래께서도 또한 이와 같이 앉아 계셨으니 모두 부처님의
위신력*인 까닭이다.

十方各有一大菩薩 一一各與十佛刹微塵數諸菩薩 俱 來詣
佛所 其名曰文殊師利菩薩 覺首菩薩 財首菩薩 寶首菩薩
功德首菩薩 目首菩薩 精進首菩薩 法首菩薩 智首菩薩 賢
首菩薩 是諸菩薩 所從來國 所謂金色世界 妙色世界 蓮華
色世界 簷蔔華色世界 優鉢羅華色世界 金色世界 寶色世界
金剛色世界 玻璃色世界 平等色世界 此諸菩薩 各於佛所
淨修梵行 所謂不動智佛 無礙智佛 解脫智佛 威儀智佛 明
相智佛 究竟智佛 最勝智佛 自在智佛 梵智佛 觀察智佛 爾
時 一切處文殊師利菩薩 各於佛所 同時發聲 說此頌言

시방에 제각기 있는 큰 보살 한 분 한 분이 각각 열 부처님세계 가는 티끌 수만큼의 모든 보살과 함께 부처님 처소에 이르르니, 그 이름은 문수사리보살, 각수보살, 재수보살, 보수보살, 공덕수보살, 목수보살, 정진수보살, 법수보살, 지수보살, 현수보살이며, 이 모든 보살이 온 국토는 금색세계, 묘색세계, 연화색세계, 담복화색세계, 우발라화색세계, 금색세계, 보색세계, 금강색세계, 파리색세계, 평등색세계이다.

이 모든 보살이 각각 부처님 처소에서 청정하게 범행을 닦았으니 부동지불, 무애지불, 해탈지불, 위의지불, 명상지불, 구경지불, 최승지불, 자재지불, 범지불, 관찰지불이다.

이때 모든 곳의 문수사리보살이 각각 부처님 처소에서 동시에 소리 내어 이 게송을 말하였다.

若有見正覺
解脫離諸漏
不着一切世
彼非證道眼

若有知如來
體相無所有
修習得明了
此人疾作佛

能見此世界
其心不搖動
於佛身亦然
當成勝智者

만약에 정각에 봄이 있어서
모든 번뇌를 여의어 해탈하여
일체 세간에 집착이 없다고 하면
그것은 증득한 도의 눈이 아니라네

만약에 여래에게 아는 것이 있다거나
몸과 모양이 있는 바 없다거나
닦아 익혀 밝게 마침을 얻었다 하면
이 사람은 부처 짓는 병을 앓는 이네

능히 이 세계를 보되
그 마음이 요동함이 없고
부처님 몸에 있어서도 또한 그러하면
마땅히 수승한 지혜를 이룬 이가 되리라

若於佛及法
其心了平等
二念不現前
當踐難思位

若見佛及身
平等而安住
無住無所入
當成難遇者

色受無有數
想行識亦然
若能如是知
當作大牟尼

만약에 부처님과 법에
그 마음이 평등함을 깨달아
두 생각이 나타나지 않으면
마땅히 생각하기 어려운 지위에 오르리라

만약에 부처님과 몸이
평등해서, 편안히 머물러
머묾도 없고 듦도 없음을 보면
마땅히 만나기 어려운 이를 이루리라

색음·수음이라는 구분이 있을 수가 없으며
상음·행음·식음도 또한 그러하니
만약 이와 같이 알면
마땅히 대모니*가 되리라

世及出世間
一切皆超越
而能善知法
當成大光耀

若於一切智
發生廻向心
見心無所生
當獲大名稱

衆生無有生
亦復無有壞
若得如是智
當成無上道

세간과 출세간
일체를 다 초월하여
능히 법을 잘 알면
마땅히 큰 광명을 이루리라

만약에 일체 지혜로
회향하는 마음을 내어
마음에 남〔生〕 없음을 보면
마땅히 큰 명칭을 얻으리라

중생이라 하지만 난 적도 없어서
또한 다시 무너질 것도 없으니
만약에 이러한 지혜를 얻으면
마땅히 위 없는 도를 이루리라

一中解無量

無量中解一

了彼互生起

當成無所畏

온통인 가운데 한량없음을 깨닫고
한량없는 가운데 온통임을 깨달아
그것이 서로 나고 일어남을 요달하면
마땅히 두려울 바 없음을 이루리라

爾時 光明 過此世界 遍照東方十佛國土 南西北方 四維上
下 亦復如是 彼一一世界中 皆有百億閻浮提 乃至百億色
究竟天 其中所有 悉皆明現 如此處 見佛世尊 坐蓮華藏師
子之座 十佛刹微塵數菩薩 所共圍繞 彼一一世界中 各有
百億閻浮提 百億如來 亦如是坐 悉以佛神力故 十方各有
一大菩薩 一一各與十佛刹微塵數諸菩薩 俱 來詣佛所 其
大菩薩 謂文殊師利等 所從來國 謂金色世界等 本所事佛
謂不動智如來等 爾時 一切處文殊師利菩薩 各於佛所 同
時發聲 說此頌言

세존께서 놓으신 광명이 시방의 열 불국토를 두루
비추고, 모든 곳의 문수사리보살이 게송을 말하다

이때 광명이 이 세계를 지나서 동방의 열 불국토를 두루
비추고 남서북방과 네 간방과 상방과 하방에도 또한 다시
이와 같았다. 그 낱낱 세계 가운데 모두 백억 염부제와 내
지 백억 색구경천이 있는데, 그 가운데 모든 것이 모두 다
분명하게 나타났다.

이곳에서 부처님 세존께서 연화장 사자좌에 앉아 열 부처
님세계 가는 티끌 수만큼의 보살들이 함께 둘러싸고 있는
것을 보는 것과 같이, 저 낱낱 세계 가운데 각각 백억 염부
제의 백억 여래께서도 또한 이와 같이 앉아 계셨으니 모두
부처님의 위신력인 까닭이다. 시방에 제각기 있는 큰 보살
한 분 한 분이 각각 열 부처님세계 가는 티끌 수만큼의 모
든 보살과 함께 부처님 처소에 이르르니, 그 큰 보살들은
문수사리 등이요, 온 국토는 금색세계 등이며, 본래의 처
소에서 섬기는 부처님은 부동지여래 등이다.

이때 모든 곳의 문수사리보살이 각각 부처님 처소에서
동시에 소리 내어 이 게송을 말하였다.

衆生無智慧
愛刺所傷毒
爲彼求菩提
諸佛法如是

普見於諸法
二邊皆捨離
道成永不退
轉此無等輪

不可思議劫
精進修諸行
爲度諸衆生
此是大仙力

중생들이 지혜가 없어서
애욕의 가시에 상하고 괴롭기에
저들을 보리로써 구하니
모든 불법이 이와 같네

모든 법을 널리 보이되
두 끝을 다 여의어버려
영원히 퇴전함이 없는 도를 이루게 하니
더할 수 없는 법륜을 굴리심이네

불가사의한 겁 동안
정진하여 모든 행을 닦은 것은
모든 중생을 제도하시기 위함이니
이것이 부처님〔大仙〕의 능력이네

導師降衆魔
勇健無能勝
光中演妙義
慈悲故如是

以彼智慧心
破諸煩惱障
一念見一切
此是佛神力

擊於正法鼓
覺悟十方刹
咸令向菩提
自在力能爾

부처님께서 온갖 마군을 항복받은
그 용맹함 이길 자 없으며
광명 가운데 미묘한 뜻 널리 펴시니
자비하신 까닭으로 이와 같네

저 지혜로운 마음으로
모든 번뇌의 장애를 부수게 하여
온통인 생각으로 일체를 다 보게 하시니
이것이 부처님의 위신력이네

정법의 북을 두드려
시방세계가 깨닫도록
모두가 깨달음 향하게 하시니
자재하신 능력이 이와 같네

不壞無邊境
而遊諸億刹
於有無所着
彼自在如佛

諸佛如虛空
究竟常清淨
憶念生歡喜
彼諸願具足

一一地獄中
經於無量劫
爲度衆生故
而能忍是苦

무너뜨릴 수 없는 가없는 경지에서
모든 억의 세계를 다니나
유(有)*에 집착이 없으시니
여여한 부처님의 자재함이네

모든 부처님, 허공과 같으시니
구경의 항상한 청정함이라
마음 속 깊이 지녀 잊지 않아 환희심 나게 하여
모든 서원을 구족케 하시네

낱낱의 지옥 가운데에서
한량없는 겁을 지내며
중생을 제도하기 위한 까닭으로
능히 이 고통을 참으셨네

不惜於身命

常護諸佛法

無我心調柔

能得如來道

몸과 목숨 아끼지 않고
항상 모든 불법을 보호하며
나라는 마음 없음으로 고르고 화평케 하니
능히 여래의 도를 얻으심이네

爾時 光明 過十世界 遍照東方百世界 南西北方 四維上下
亦復如是 彼諸世界中 皆有百億閻浮提 乃至百億色究竟天
其中所有 悉皆明現 彼一一閻浮提中 悉見如來 蓮華藏師
子之座 十佛剎微塵數菩薩 所共圍繞 悉以佛神力故 十方
各有一大菩薩 一一各與十佛剎微塵數諸菩薩 俱 來詣佛所
其大菩薩 謂文殊師利等 所從來國 謂金色世界等 本所事
佛 謂不動智如來等 爾時 一切處文殊師利菩薩 各於佛所
同時發聲 說此頌言

세존께서 놓으신 광명이 시방의 백 세계를 두루 비추고, 모든 곳의 문수사리보살이 게송을 말하다

이때 광명이 열 세계를 지나서 동방의 백 세계를 두루 비추고 남서북방과 네 간방과 상방과 하방에도 또한 다시 이와 같았다.

그 모든 세계 가운데 모두 백억 염부제와 내지 백억 색구경천이 있는데, 그 가운데 모든 것이 모두 다 분명하게 나타났다.

그 낱낱 염부제마다 여래께서 연화장 사자좌에 앉아 열 부처님세계 가는 티끌 수만큼의 보살들이 함께 둘러싸고 있는 것을 보니, 모두 부처님의 위신력인 까닭이다.

시방에 제각기 있는 큰 보살 한 분 한 분이 각각 열 부처님세계 가는 티끌 수만큼의 모든 보살과 함께 부처님 처소에 이르르니, 그 큰 보살들은 문수사리 등이요, 온 국토는 금색세계 등이며, 본래의 처소에서 섬기는 부처님은 부동지여래 등이다.

이때 모든 곳의 문수사리보살이 각각 부처님 처소에서 동시에 소리 내어 이 게송을 말하였다.

佛了法如幻
通達無障礙
心淨離衆着
調伏諸群生

或有見初生
妙色如金山
住是最後身
永作人中月

或見經行時
具無量功德
念慧皆善巧
丈夫師子步

부처님께서는 법이 환과 같음을 깨달아
통달하여 장애가 없고
마음이 청정하여 온갖 집착 여의었으므로
모든 중생을 조복시키시네

혹 처음 남을 보이시니
묘한 빛이 금산과 같고
이 최후의 몸으로 사는 이라
영원히 사람 중의 달〔月〕이네

혹 경행(經行)*을 보이시니
한량없는 공덕을 갖추어
생각과 지혜가 다 공교로운 방편인
사자걸음의 장부시네

或見紺靑目
觀察於十方
有時現戲笑
爲順衆生欲

或見師子吼
殊勝無比身
示現最後生
所說無非實

或有見出家
解脫一切縛
修治諸佛行
常樂觀寂滅

혹 검푸른 눈을 보이시니
저 시방을 관찰하여
때에 따라 웃음을 나타내어
중생이 바라는 것 따라주시네

혹 사자후를 보이시니
수승하여 비할 수 없는 몸으로
최후의 남을 나타내 보인 데서
설한 바가 실답지 않음이 없으시네

혹 출가함을 보이시니
일체 속박에서 해탈시키려고
모든 부처님 행을 닦아 다스려
항상 열반에서 보는 낙이네

或見坐道場
覺知一切法
到功德彼岸
癡暗煩惱盡

或見勝丈夫
具足大悲心
轉於妙法輪
度無量衆生

或見師子吼
威光最殊特
超一切世間
神通力無等

혹 도량에 앉음을 보이시니
일체 법을 깨달아 알아서
공덕의 저 피안*에 이르러
어리석고 어두운 번뇌를 다하게 하시네

혹 뛰어난 대장부를 보이시니
대비의 마음을 구족하여
미묘한 법륜을 굴려
한량없는 중생을 제도하시네

혹 사자후를 보이시니
위엄 있는 광명*이 가장 수승하고
일체 세간을 초월함이
더할 수 없는 신통력이네

或見心寂靜

如世燈永滅

種種現神通

十力能如是

혹 열반의 마음을 보이시니
세간의 등불은 영원히 없애버리듯 해서
갖가지 신통력을 나툰
십력*이 이러-함일세

爾時 光明 過百世界 遍照東方千世界 南西北方 四維上下
亦復如是 彼一一世界中 皆有百億閻浮提 乃至百億色究竟
天 其中所有 悉皆明現 彼一一閻浮提中 悉見如來 蓮華藏
師子之座 十佛刹微塵數菩薩 所共圍繞 悉以佛神力故 十
方各有一大菩薩 一一各與十佛刹微塵數諸菩薩 俱 來詣佛
所 其大菩薩 謂文殊師利等 所從來國 謂金色世界等 本所
事佛 謂不動智如來等 爾時 一切處文殊師利菩薩 各於佛
所 同時發聲 說此頌言

세존께서 놓으신 광명이 시방의 천 세계를 두루 비추고, 모든 곳의 문수사리보살이 게송을 말하다

이때 광명이 백 세계를 지나서 동방의 천 세계를 두루 비추고 남서북방과 네 간방과 상방과 하방에도 또한 다시 이와 같았다.

그 낱낱 세계 가운데 모두 백억 염부제와 내지 백억 색구경천이 있는데, 그 가운데 모든 것이 모두 다 분명하게 나타났다.

그 낱낱 염부제마다 여래께서 연화장 사자좌에 앉아 열 부처님세계 가는 티끌 수만큼의 보살들이 함께 둘러싸고 있는 것을 보니, 모두 부처님의 위신력인 까닭이다.

시방에 제각기 있는 큰 보살 한 분 한 분이 각각 열 부처님세계 가는 티끌 수만큼의 모든 보살과 함께 부처님 처소에 이르르니, 그 큰 보살들은 문수사리 등이요, 온 국토는 금색세계 등이며, 본래의 처소에서 섬기는 부처님은 부동지여래 등이다.

이때 모든 곳의 문수사리보살이 각각 부처님 처소에서 동시에 소리 내어 이 게송을 말하였다.

佛於甚深法
通達無與等
衆生不能了
次第爲開示

我性未曾有
我所亦空寂
云何諸如來
而得有其身

解脫明行者
無數無等倫
世間諸因量
求過不可得

부처님의 심히 깊은 법에
통달함은 같을 분 없어서
중생들로는 능히 알 수 없는 것을
차례대로 열어 보이시네

나의 성품에는 있다는 것도 없어서
나의 처소라 하는 것마저 또한 비어 고요한데
어찌하여 모든 여래께서
그 몸인들 얻어 지녔다 하겠는가

해탈하여 명행족인 분이
수없고 더할 수 없으시니
세간의 모든 이유로 논의해서
허물을 찾아봐도 얻지 못하네

佛非世間蘊
界處生死法
數法不能成
故號人師子

其性本空寂
內外俱解脫
離一切妄念
無等法如是

體性常不動
無我無來去
而能悟世間
無邊悉調伏

부처님은 세간의 오온과
십팔계, 십이처, 나고 죽는 법이 아니어서
헤아림의 법〔數法〕으로 이룰 수 없기에
사람 가운데 사자라 불리는 것이네

그 성품은 본래 공적해서
안이니 밖이니 하는 데에서 모두 해탈하여
일체 망념을 여의어
더할 수 없는 법으로 이러-하시네

성품의 몸*은 항상 움직인 적 없어서
나랄 것도, 오고 감이랄 것도 없이
능히 세간을 깨우쳐서
끝없이 다 조복시키시네

常樂觀寂滅
一相無有二
其心不增減
現無量神力

不作諸衆生
業報因緣行
而能了無礙
善逝法如是

種種諸衆生
流轉於十方
如來不分別
度脫無邊類

항상 열반에서 보는 낙이라
온통인 모습으로 둘이 없어서
마음에 더하거나 덜함 없이
한량없는 위신력을 나타내시네

모든 중생의
업보와 인연행을 짓지 않으시니
능히 깨달아 걸림 없는
부처님〔善逝〕의 법이 이러-하네

갖가지 모든 중생이
시방에 윤회하니
여래께서 분별함이 없이
가없는 무리들을 제도하시네

諸佛眞金色
非有遍諸有
隨衆生心樂
爲說寂滅法

모든 부처님의 참 금색신은

있는 것이 아니나 모든 유루의 세계*에 두루하여

중생들의 즐거워하는 마음을 따라

열반법을 설하시네

爾時 光明 過千世界 遍照東方十千世界 南西北方 四維上
下 亦復如是 彼一一世界中 皆有百億閻浮提 乃至百億色究
竟天 其中所有 悉皆明現 彼一一閻浮提中 悉見如來 蓮華
藏師子之座 十佛刹微塵數菩薩 所共圍繞 悉以佛神力故 十
方各有一大菩薩 一一各與十佛刹微塵數諸菩薩 俱 來詣佛
所 其大菩薩 謂文殊師利等 所從來國 謂金色世界等 本所
事佛 謂不動智如來等 爾時 一切處文殊師利菩薩 各於佛
所 同時發聲 說此頌言

세존께서 놓으신 광명이 시방의 일만 세계를 두루 비추고, 모든 곳의 문수사리보살이 게송을 말하다

이때 광명이 천 세계를 지나서 동방의 일만 세계를 두루 비추고 남서북방과 네 간방과 상방과 하방에도 또한 다시 이와 같았다.

그 낱낱 세계 가운데 모두 백억 염부제와 내지 백억 색구경천이 있는데, 그 가운데 모든 것이 모두 다 분명하게 나타났다.

그 낱낱 염부제마다 여래께서 연화장 사자좌에 앉아 열 부처님세계 가는 티끌 수만큼의 보살들이 함께 둘러싸고 있는 것을 보니, 모두 부처님의 위신력인 까닭이다.

시방에 제각기 있는 큰 보살 한 분 한 분이 각각 열 부처님세계 가는 티끌 수만큼의 모든 보살과 함께 부처님 처소에 이르르니, 그 큰 보살들은 문수사리 등이요, 온 국토는 금색세계 등이며, 본래의 처소에서 섬기는 부처님은 부동지여래 등이다.

이때 모든 곳의 문수사리보살이 각각 부처님 처소에서 동시에 소리 내어 이 게송을 말하였다.

發起大悲心
救護諸衆生
永出人天衆
如是業應作

意常信樂佛
其心不退轉
親近諸如來
如是業應作

志樂佛功德
其心永不退
住於淸涼慧
如是業應作

대비의 마음을 일으켜서
모든 중생을 구호하여
인간과 천상의 무리에서 영원히 벗어나게 하니
이러-한 업을 응당 짓게 하시네

항상 부처님을 믿고 좋아하는 뜻으로
그 마음이 퇴전하지 아니하여
모든 여래를 친히 가까이하는
이러-한 업을 응당 짓게 하시네

부처님의 공덕을 좋아하는 뜻으로
그 마음 길이 퇴전치 아니하여
저 청량한 지혜에 살게 하는
이러-한 업을 응당 짓게 하시네

一切威儀中
常念佛功德
晝夜無暫斷
如是業應作

觀無邊三世
學彼佛功德
常無厭倦心
如是業應作

觀身如實相
一切皆寂滅
離我無我着
如是業應作

일체 위의 가운데에서
부처님의 공덕을 항상 생각하여
밤낮으로 잠시도 끊어짐이 없게 하는
이러-한 업을 응당 짓게 하시네

끝없는 삼세를 관하여
저 부처님의 공덕을 배워서
항상 싫거나 게으른 맘 없는
이러-한 업을 응당 짓게 하시네

몸이 실상과 같음을 관하여
일체 모두가 열반이라
'나'라는 것을 여의어 '나'라는 집착이 없는
이러-한 업을 응당 짓게 하시네

等觀衆生心
不起諸分別
入於眞實境
如是業應作

悉擧無邊界
普飮一切海
神通大智力
如是業應作

思惟諸國土
色與非色相
一切悉能知
如是業應作

중생의 마음을 평등히 관하여
모든 분별을 일으키지 않아
진실한 경지에 드는
이러-한 업을 응당 짓게 하시네

끝이 없는 경계를 모두 들어보여〔擧〕
널리 일체 바닷물을 마셔버리듯 하는
신통과 큰 지혜의 힘으로
이러-한 업을 응당 짓게 하시네

모든 국토를 깊이 생각하여
색과 색 아닌 것
일체를 모두 아는
이러-한 업을 응당 짓게 하시네

十方國土塵
一塵爲一佛
悉能知其數
如是業應作

시방 국토의 티끌들
한 티끌에 한 부처님이라 하면
그 수를 다 잘 알 것이니
이러-한 업을 응당 짓게 하시네

爾時　光明過十千世界　遍照東方百千世界　南西北方　四維
上下　亦復如是　彼一一世界中　皆有百億閻浮提　乃至百億
色究竟天　其中所有　悉皆明現　彼一一閻浮提中　悉見如來
蓮華藏師子之座　十佛刹微塵數菩薩　所共圍繞　悉以佛神力
故　十方各有一大菩薩　一一各與十佛刹微塵數諸菩薩　俱　來
詣佛所　其大菩薩　謂文殊師利等　所從來國　謂金色世界等
本所事佛　謂不動智如來等　爾時　一切處文殊師利菩薩　各
於佛所　同時發聲　說此頌言

세존께서 놓으신 광명이 시방의 십만 세계를 두루
비추고, 모든 곳의 문수사리보살이 게송을 말하다

이때 광명이 일만 세계를 지나서 동방의 십만 세계를 두
루 비추고 남서북방과 네 간방과 상방과 하방에도 또한
다시 이와 같았다.

그 낱낱 세계 가운데 모두 백억 염부제와 내지 백억 색
구경천이 있는데, 그 가운데 모든 것이 모두 다 분명하게
나타났다.

그 낱낱 염부제마다 여래께서 연화장 사자좌에 앉아 열
부처님세계 가는 티끌 수만큼의 보살들이 함께 둘러싸고
있는 것을 보니, 모두 부처님의 위신력인 까닭이다.

시방에 제각기 있는 큰 보살 한 분 한 분이 각각 열 부처
님세계 가는 티끌 수만큼의 모든 보살과 함께 부처님 처
소에 이르르니, 그 큰 보살들은 문수사리 등이요, 온 국토
는 금색세계 등이며, 본래의 처소에서 섬기는 부처님은 부
동지여래 등이다.

이때 모든 곳의 문수사리보살이 각각 부처님 처소에서
동시에 소리 내어 이 게송을 말하였다.

若以威德色種族
而見人中調御師
是爲病眼顚倒見
彼不能知最勝法

如來色形諸相等
一切世間莫能測
億那由劫共思量
色相威德轉無邊

如來非以相爲體
但是無相寂滅法
身相威儀悉具足
世間隨樂皆得見

만약에 위덕이나 색이나 종족으로
사람 가운데에서 부처님〔調御師〕을 보려 한다면
이것은 병든 눈이요 전도된 소견이라
저 가장 수승한 법을 알지 못함이네

여래의 색과 형상과 모든 모습 등은
일체 세간의 것으로
억 나유타 겁 동안을 함께 생각하고 헤아린다 해도 알 수 없으니
색과 모습, 위덕을 굴림이 가없기 때문이네

여래는 모양으로써 몸을 삼지 않으니
다만 상 없는 열반의 법이지만
신상과 위의를 모두 구족하신 것은
세간에서 좋아하는 바를 따라 모두 보게 하심일 뿐이네

佛法微妙難可量
一切言說莫能及
非是和合非不合
體性寂滅無諸相

佛身無生超戲論
非是蘊聚差別法
得自在力決定見
所行無畏離言道

身心悉平等
內外皆解脫
永劫住正念
無着無所繫

불법은 미묘하여 헤아리기 어려워서
일체 말로는 미칠 수 없으며
화합함도 아니요 화합하지 않음도 아니니
성품의 몸이 적멸하여 모든 상이 없네

부처님의 몸은 남이 없어 희론을 초월하여
오온과 육취의 차별법이 아니라
자재한 능력을 얻어야 결정코 볼 것이니
행함에 두려움 없으며 언어를 여읜 도일세

몸과 마음 모두가 평등하고
안과 밖이 다 해탈이라
영겁*을 바른 생각[正念]*으로 사니
집착도 없고 얽매임도 없으시네

意淨光明者
所行無染着
智眼靡不周
廣大利衆生

一身爲無量
無量復爲一
了知諸世間
現形遍一切

此身無所從
亦無所積聚
衆生分別故
見佛種種身

뜻이 청정한 광명인 분은
행함에 물들거나 집착함이 없고
지혜의 눈 두루하지 않음이 없어서
광대하게 중생을 이롭게 하시네

온통인 몸이 한량없음이 되고
한량없음이 다시 온통인 몸이니
모든 세간을 밝게 알아서
일체에 형상을 두루 나투시네

이 몸이란 비롯한 바 없어서
쌓이고 모인 바도 없지만
중생들이 분별하는 까닭으로
부처님께서 갖가지 몸을 보이시네

心分別世間
是心無所有
如來知此法
如是見佛身

마음으로 세간을 분별한다 하나
이 마음이란 것마저 있는 곳 없느니라
여래께선 이 법을 아시는 데에서
이러-한 부처님 몸을 보이시네

爾時 光明 過百千世界 遍照東方百萬世界 南西北方 四維
上下 亦復如是 彼一一世界中 皆有百億閻浮提 乃至百億
色究竟天 其中所有 悉皆明現 彼一一閻浮提中 悉見如來
蓮華藏師子之座 十佛刹微塵數菩薩 所共圍繞 悉以佛神力
故 十方各有一大菩薩 一一各與十佛刹微塵數諸菩薩 俱 來
詣佛所 其大菩薩 謂文殊師利等 所從來國 謂金色世界等
本所事佛 謂不動智如來等 爾時 一切處文殊師利菩薩 各
於佛所 同時發聲 說此頌言

세존께서 놓으신 광명이 시방의 백만 세계를 두루
비추고, 모든 곳의 문수사리보살이 게송을 말하다

이때 광명이 백천 세계를 지나서 동방의 백만 세계를 두
루 비추고 남서북방과 네 간방과 상방과 하방에도 또한
다시 이와 같았다.

그 낱낱 세계 가운데 모두 백억 염부제와 내지 백억 색
구경천이 있는데, 그 가운데 모든 것이 모두 다 분명하게
나타났다.

그 낱낱 염부제마다 여래께서 연화장 사자좌에 앉아 열
부처님세계 가는 티끌 수만큼의 보살들이 함께 둘러싸고
있는 것을 보니, 모두 부처님의 위신력인 까닭이다.

시방에 제각기 있는 큰 보살 한 분 한 분이 각각 열 부처
님세계 가는 티끌 수만큼의 모든 보살과 함께 부처님 처
소에 이르르니, 그 큰 보살들은 문수사리 등이요, 온 국토
는 금색세계 등이며, 본래의 처소에서 섬기는 부처님은 부
동지여래 등이다.

이때 모든 곳의 문수사리보살이 각각 부처님 처소에서
동시에 소리 내어 이 게송을 말하였다.

如來最自在
超世無所依
具一切功德
度脫於諸有

無染無所着
無想無依止
體性不可量
見者咸稱歎

光明遍清淨
塵累悉蠲滌
不動離二邊
此是如來智

여래께서는 가장 자재해서
세상을 초월하여 의지하는 바 없이
일체 공덕을 갖춤으로
모든 유루의 세계를 제도하여 해탈케 하시네

물들거나 집착하는 바 없고
생각함도 의지함도 없어서
성품의 몸, 헤아릴 수 없음을
보는 이 모두가 찬탄하네

광명이 두루 청정하고
번뇌를 남김없이 씻어 없앴으며
움직임 없어 두 끝을 여의었으니
이것을 여래의 지혜라 하네

若有見如來
身心離分別
則於一切法
永出諸疑滯

一切世間中
處處轉法輪
無性無所轉
導師方便說

於法無疑惑
永絶諸戲論
不生分別心
是念佛菩提

만약 어떤 이가 여래를 보고
몸과 마음의 분별을 여의면
곧 일체 법에서
모든 의심과 막힘을 영원히 벗어나네

일체 세간 가운데
곳곳에서 법륜을 굴리시나
성품이랄 것도 없고 굴리는 바도 없는 것이
부처님 방편의 말씀이네

법에 의혹이 없고
모든 희론을 영원히 끊어서
분별심이 남이 없는
이 생각이 부처님의 깨달음이네

了知差別法
不着於言說
無有一與多
是名隨佛教

多中無一性
一亦無有多
如是二俱捨
普入佛功德

衆生及國土
一切皆寂滅
無依無分別
能入佛菩提

차별법을 밝게 알지만
말에 집착함이 없어서
하나니 여럿이니 하는 것이 없으면
이것을 이름하여 부처님의 가르침을 따른다 하네

여럿 가운데 온통인 성품이랄 것 없고
온통인 성품에 여럿이랄 것 없어서
이러-히 두 가지를 다 버리면
부처님의 공덕에 널리 들어간 것이네

중생이니 국토니 하지만
일체 다 적멸이라
의지함도 없고 분별함도 없으면
부처님 깨달음에 능히 듦이네

衆生及國土
一異不可得
如是善觀察
名知佛法義

중생이니 국토니 하지만

하나도 다른 것을 얻지 못할 것이니

이와 같이 잘 관찰하면

불법의 뜻을 안다고 이름하네

爾時 光明 過百萬世界 遍照東方一億世界 南西北方 四維
上下 亦復如是 彼一一世界中 皆有百億閻浮提 乃至百億
色究竟天 其中所有 悉皆明現 彼一一閻浮提中 悉見如來
蓮華藏師子之座 十佛刹微塵數菩薩 所共圍繞 悉以佛神力
故 十方各有一大菩薩 一一各與十佛刹微塵數諸菩薩 俱 來
詣佛所 其大菩薩 謂文殊師利等 所從來國 謂金色世界等
本所事佛 謂不動智如來等 爾時 一切處文殊師利菩薩 各
於佛所 同時發聲 說此頌言

세존께서 놓으신 광명이 시방의 일억 세계를 두루
비추고, 모든 곳의 문수사리보살이 게송을 말하다

이때 광명이 백만 세계를 지나서 동방의 일억 세계를 두
루 비추고 남서북방과 네 간방과 상방과 하방에도 또한
다시 이와 같았다.

그 낱낱 세계 가운데 모두 백억 염부제와 내지 백억 색
구경천이 있는데, 그 가운데 모든 것이 모두 다 분명하게
나타났다.

그 낱낱 염부제마다 여래께서 연화장 사자좌에 앉아 열
부처님세계 가는 티끌 수만큼의 보살들이 함께 둘러싸고
있는 것을 보니, 모두 부처님의 위신력인 까닭이다.

시방에 제각기 있는 큰 보살 한 분 한 분이 각각 열 부처
님세계 가는 티끌 수만큼의 모든 보살과 함께 부처님 처
소에 이르르니, 그 큰 보살들은 문수사리 등이요, 온 국토
는 금색세계 등이며, 본래의 처소에서 섬기는 부처님은 부
동지여래 등이다.

이때 모든 곳의 문수사리보살이 각각 부처님 처소에서
동시에 소리 내어 이 게송을 말하였다.

智慧無等法無邊
超諸有海到彼岸
壽量光明悉無比
此功德者方便力

所有佛法皆明了
常觀三世無厭倦
雖緣境界不分別
此難思者方便力

樂觀衆生無生想
普見諸趣無趣想
恒住禪寂不繫心
此無礙慧方便力

지혜는 더할 수 없고 법은 끝이 없어
모든 유루의 세계바다를 초월해서 이르른 피안이라
수명과 광명도 모두 비할 것이 없으시니
이것이 공덕자의 방편력이네

모든 불법을 다 밝게 마치고
항상 삼세를 관하지만 싫어함과 게으름이 없으며
비록 경계를 반연한다지만 분별이 없으시니
이것이 생각하기 어려운 이의 방편력이네

즐겨 중생을 관하지만 생각을 일으킨 적 없고
널리 육취를 보지만 육취란 생각이 없으며
항상 선정에 머물지만 얽매인 마음이 없으시니
이것이 걸림 없는 지혜의 방편력이네

善巧通達一切法
正念勤修涅槃道
樂於解脫離不平
此寂滅人方便力

有能勸向佛菩提
趣入法界一切智
善化眾生入於諦
此住佛心方便力

佛所說法皆隨入
廣大智慧無所礙
一切處行悉已臻
此自在修方便力

공교로운 방편인 일체 법을 통달하려면
바른 생각으로 열반의 도를 부지런히 닦아야 하니
해탈의 즐거움으로 평등하지 아니함이 없는
이것이 적멸한 이의 방편력이네

부처님의 깨달음을 향하도록 권해
법계화 된 일체지에 들어서
중생들을 잘 교화하여 진리에 들게 하는
이것이 부처님 마음에 머문 방편력이네

부처님의 설법에 모두 따라 들어가면
걸림이 없는 광대한 지혜로
모든 곳에 행해서 이미 다 이르름이니
이것이 자재하게 닦은 방편력이네

恒住涅槃如虛空
隨心化現靡不周
此依無相而爲相
到難到者方便力

晝夜日月及年劫
世界始終成壞相
如是憶念悉了知
此時數智方便力

一切衆生有生滅
色與非色想非想
所有名字悉了知
此住難思方便力

열반에 항상 머무름이 허공과 같아서
마음을 따라 화현하여 두루하지 않음이 없으시니
이것이 무상(無相)으로 상을 삼아
이르르기 어려운 데 이르른 이의 방편력이네

낮과 밤, 해와 달, 년과 겁
세계의 처음과 끝, 이뤄지고 무너지는 모습들
이러한 것을 깊이 지녀 잊지 않아 다 밝게 아시니
이것이 때에 따른 무수한 지혜의 방편력이네

일체 중생의 생기고 멸함,
색이나 색 아닌 것, 생각이나 생각 아닌 것,
모든 이름을 다 밝게 아시니
이것이 생각하기 어려운 데 머문 방편력이네

過去現在未來世
所有言說皆能了
而知三世悉平等
此無比解方便力

과거와 현재와 미래 세상의

모든 말에 다 밝아

삼세를 모두 평등하게 아시니

이것이 비할 데 없는 깨달음의 방편력이네

爾時 光明 過一億世界 遍照東方十億世界 南西北方 四維
上下 亦復如是 彼一一世界中 皆有百億閻浮提 乃至百億
色究竟天 其中所有 悉皆明現 彼一一閻浮提中 悉見如來
蓮華藏師子之座 十佛刹微塵數菩薩 所共圍繞 悉以佛神力
故 十方各有一大菩薩 一一各與十佛刹微塵數諸菩薩 俱 來
詣佛所 其大菩薩 謂文殊師利等 所從來國 謂金色世界等
本所事佛 謂不動智如來等 爾時 一切處文殊師利菩薩 各
於佛所 同時發聲 說此頌言

세존께서 놓으신 광명이 시방의 십억 세계를 두루
비추고, 모든 곳의 문수사리보살이 게송을 말하다

이때 광명이 일억 세계를 지나서 동방의 십억 세계를 두
루 비추고 남서북방과 네 간방과 상방과 하방에도 또한
다시 이와 같았다.

그 낱낱 세계 가운데 모두 백억 염부제와 내지 백억 색
구경천이 있는데, 그 가운데 모든 것이 모두 다 분명하게
나타났다.

그 낱낱 염부제마다 여래께서 연화장 사자좌에 앉아 열
부처님세계 가는 티끌 수만큼의 보살들이 함께 둘러싸고
있는 것을 보니, 모두 부처님의 위신력인 까닭이다.

시방에 제각기 있는 큰 보살 한 분 한 분이 각각 열 부처
님세계 가는 티끌 수만큼의 모든 보살과 함께 부처님 처
소에 이르르니, 그 큰 보살들은 문수사리 등이요, 온 국토
는 금색세계 등이며, 본래의 처소에서 섬기는 부처님은 부
동지여래 등이다.

이때 모든 곳의 문수사리보살이 각각 부처님 처소에서
동시에 소리 내어 이 게송을 말하였다.

廣大苦行皆修習
日夜精勤無厭怠
已度難度師子吼
普化衆生是其行

衆生流轉愛欲海
無明網覆大憂迫
至仁勇猛悉斷除
誓亦當然是其行

世間放逸着五欲
不實分別受衆苦
奉行佛教常攝心
誓度於斯是其行

광대한 고행을 다 닦아 익혀
밤낮으로 부지런히 힘써 싫어하고 게으름이 없이
이미 제도하기 어려운 것을 사자후로 제도하니
중생을 널리 교화하시는 것이 그분의 행이네

중생들이 애욕바다에서 윤회하며
무명의 그물에 덮여 크게 근심하여 가슴을 바짝 조임을
지극히 어진 이께서 용맹하게 모두 끊어 없애주니
마땅히 그러한 것이 그분이 서원한 행이네

세간은 방일하여 오욕에 집착하고
실답지 못한 분별로 온갖 고통받는데
부처님 가르침을 받들어 행하는 마음을 항상 굳게 지키게 하여
거기에서 제도하시는 것이 그분이 서원한 행이네

衆生着我入生死
求其邊際不可得
普事如來獲妙法
爲彼宣說是其行

衆生無怙病所纏
常淪惡趣起三毒
大火猛焰恒燒熱
淨心度彼是其行

衆生迷惑失正道
常行邪徑入闇宅
爲彼大然正法燈
永作照明是其行

중생들이 나라는 집착으로 생사에 들어가서
그 끝을 구하여도 얻을 수 없는데
널리 여래를 섬김으로 묘한 법 얻어서
그들 위해 널리 펴 설하시는 것이 그분의 행이네

중생들이 병에 얽혀서 의지할 곳 없고
항상 악취에 빠져 삼독심을 일으켜서
큰 불, 사나운 불꽃에 항상 불타니
청정한 맘으로 그들을 제도하시는 것이 그분의 행이네

중생들이 미혹하여 바른 길을 잃어버리고
항상 삿된 길을 걷고 어두운 집에만 들어가니
그들을 위해 정법의 등불, 크게 밝혀서
길이 밝게 비춰주시는 것이 그분의 행이네

衆生漂溺諸有海
憂難無涯不可處
爲彼興造大法船
皆令得度是其行

衆生無知不見本
迷惑癡狂險難中
佛哀愍彼建法橋
正念令昇是其行

見諸衆生在險道
老病死苦常逼迫
修諸方便無限量
誓當悉度是其行

중생들이 모든 유루의 세계바다에 떠돌거나 빠져서
근심과 고난이 끝없어 머물 곳 없는데
그를 위해 큰 법의 배를 만들어
모두 제도하여 깨닫게 하시는 것이 그분의 행이네

중생들이 알지 못해서 근본을 보지 못하고
미혹하여 험난한 가운데 미쳐 있기에
부처님께서 불쌍히 여겨 법의 다리를 세우니
바른 생각으로 오르게 하시는 것이 그분의 행이네

모든 중생이 험한 길에 있으면서
늙고 병들고 죽는 고통에 항상 핍박 받음을 보고
모든 방편을 한량없이 닦아서
맹세코 다 제도하시는 것이 그분의 행이네

聞法信解無疑惑
了性空寂不驚怖
隨形六道遍十方
普教群迷是其行

법을 듣고 믿어 깨달아서 의혹이 없게 하고
성품의 비어 고요함을 깨달아서 놀라고 두려워함이 없게 하니
형상을 따르는 육도가 시방에 두루하건만
중생들의 미혹을 널리 교화하시는 것이 그분의 행이네

爾時 光明 過十億世界 遍照東方百億世界 千億世界 百千
億世界 那由他億世界 百那由他億世界 千那由他億世界 百
千那由他億世界 如是無數無量無邊無等 不可數不可稱不可
思不可量不可說 盡法界虛空界 所有世界 南西北方 四維上
下 亦復如是 彼一一世界中 皆有百億閻浮提 乃至百億色
究竟天 其中所有 悉皆明現 彼一一閻浮提中 悉見如來 蓮
華藏師子之座 十佛剎微塵數菩薩 所共圍繞 悉以佛神力故

세존께서 놓으신 광명이 시방의 백억 세계를 두루 비추고, 모든 곳의 문수사리보살이 게송을 말하다

이때 광명이 십억 세계를 지나서 동방의 백억 세계와, 천억 세계와, 백천억 세계와, 나유타억 세계와, 백 나유타억 세계와, 천 나유타억 세계와, 백천 나유타억 세계와 이와 같이 무수 무량 무변 무등 불가수 불가칭 불가사 불가량 불가설 수의 온 법계와 허공계에 있는 세계를 두루 비추고, 남서북방과 네 간방과 상방과 하방에도 또한 다시 이와 같았다.

그 낱낱 세계 가운데 모두 백억 염부제와 내지 백억 색구경천이 있는데, 그 가운데 모든 것이 모두 다 분명하게 나타났다.

그 낱낱 염부제마다 여래께서 연화장 사자좌에 앉아 열 부처님세계 가는 티끌 수만큼의 보살들이 함께 둘러싸고 있는 것을 보니, 모두 부처님의 위신력인 까닭이다.

十方各有一大菩薩 一一各與十佛刹微塵數諸菩薩 俱 來詣
佛所 其大菩薩 謂文殊師利等 所從來國 謂金色世界等 本
所事佛 謂不動智如來等 爾時 一切處文殊師利菩薩 各於
佛所 同時發聲 說此頌言

一念普觀無量劫
無去無來亦無住
如是了知三世事
超諸方便成十力

시방에 제각기 있는 큰 보살 한 분 한 분이 각각 열 부처
님세계 가는 티끌 수만큼의 모든 보살과 함께 부처님 처
소에 이르르니, 그 큰 보살들은 문수사리 등이요, 온 국토
는 금색세계 등이며, 본래의 처소에서 섬기는 부처님은 부
동지여래 등이다.

　이때 모든 곳의 문수사리보살이 각각 부처님 처소에서
동시에 소리 내어 이 게송을 말하였다.

　온통인 생각으로 한량없는 겁을 널리 관하여
　가는 것도 오는 것도 머묾도 없는 데서
　이러-히 삼세의 일을 분명히 알아
　초월한 모든 방편으로 십력을 이루시네

十方無比善名稱
永離諸難常歡喜
普詣一切國土中
廣爲宣揚如是法

爲利衆生供養佛
如其意獲相似果
於一切法悉順知
遍十方中現神力

從初供佛意柔忍
入深禪定觀法性
普勸衆生發道心
以此速成無上果

시방에 비할 수 없는 훌륭한 이름으로
모든 어려움 길이 여의어 항상 환희케 하고자
일체 국토 가운데 널리 나아가서
이와 같은 법을 널리 베풀어 드날리시네

중생들을 이롭게 하고자 부처님께 공양하여
그 뜻한 대로 과위를 얻고서
일체 법을 다 알아서 순응하여
시방에 두루 위신력을 나타내시네

처음 공양할 때부터 부처님 뜻에 복종하여 견디어내고
선정에 깊이 들어가 법성을 관하여
중생들에게 널리 권해 도의 마음 내게 해서
이로써 위 없는 과위를 빨리 이루게 하네

十方求法情無異
爲修功德令滿足
有無二相悉滅除
此人於佛爲眞見

普往十方諸國土
廣說妙法興義利
住於實際不動搖
此人功德同於佛

如來所轉妙法輪
一切皆是菩提分
若能聞已悟法性
如是之人常見佛

시방에서 법 구하는 뜻, 달라짐이 없이
공덕을 닦아 만족하게 하되
있고 없는 두 가지 상, 모두 멸해 없으면
이 사람은 부처님을 참으로 보았다 할 것이네

시방의 모든 국토에 두루 다니며
묘한 법을 널리 설해 이치와 작용을 일으키되
실제에 머물러 동요함이 없으면
이 사람의 공덕은 부처님과 같다 할 것이네

여래께서 굴리시는 묘한 법륜은
일체 모든 것이 이 깨달음의 분상이니
만약 잘 듣고 나서 법성을 깨달으면
이와 같은 사람은 부처님을 항상 보는 것이네

不見十力空如幻
雖見非見如盲睹
分別取相不見佛
畢竟離着乃能見

衆生隨業種種別
十方內外難盡見
佛身無礙遍十方
不可盡見亦如是

譬如空中無量刹
無來無去遍十方
生成滅壞無所依
佛遍虛空亦如是

십력이 공하여 환과 같음을 보지 못하면
비록 보아도 보지 못하는 장님과 같아
상을 취해 분별해서 부처를 보지 못하리니
끝내 집착을 여의어야 능히 보네

중생들이 업을 따라 갖가지로 달라서
시방의 안과 밖을 다 보기 어렵듯이
부처님 몸, 걸림 없이 시방에 두루함을
모두들 보지 못함도 또한 이와 같네

비유하면 허공의 한량없는 세계가
오고 감 없이 시방에 두루하듯이
생기고 없어짐에 의한 바 없음이여
부처님께서 허공에 두루함도 이와 같네

대원선사 결문

대원선사 결문(決文)

문 : 어떤 것이 광명각인고?

답 : 이러-히 법계화된 삶이니라.

문 : 어떻게 해야 그렇게 되겠습니까?

답 : 되었다거나 안 되었다고 하는 것이 없으며
　　있다거나 없다거나 하는 것도 없어서
　　드러났다 하여도 한 방망잇감일세

十 보살문명품

爾時 文殊師利菩薩 問覺首菩薩言 佛子 心性 是一 云何
見有種種差別 所謂往善趣惡趣 諸根滿缺 受生同異 端正
醜陋 苦樂不同 業不知心 心不知業 受不知報 報不知受 心
不知受 受不知心 因不知緣 緣不知因 智不知境 境不知智
時 覺首菩薩 以頌答曰

문수사리보살이 각수보살에게 묻고 각수보살이 게
송으로 답하다

이때 문수사리보살이 각수보살에게 물었다.

"불자여, 마음 성품은 이 한 가지인데 어찌하여 갖가지
차별이 있음을 보게 됩니까? 선취나 악취에도 가고, 모든
근기가 원만하거나 모자라기도 하며, 몸을 받는 것이 같거
나 다르기도 하고, 단정하거나 추하고 천하기도 하며, 괴
롭거나 즐거운 것이 같지 않습니다.

업은 마음을 알지 못하고 마음은 업을 알지 못하며, 받음
은 과보를 알지 못하고 과보는 받음을 알지 못하며, 마음
은 받음을 알지 못하고 받음은 마음을 알지 못하며, 인(因)
은 연(緣)을 알지 못하고 연은 인을 알지 못하며, 지혜는
경계를 알지 못하고 경계는 지혜를 알지 못합니다."

이때 각수보살이 게송으로 대답하였다.

仁今問是義
爲曉悟群蒙
我如其性答
惟仁應諦聽

諸法無作用
亦無有體性
是故彼一切
各各不相知

譬如河中水
湍流競奔逝
各各不相知
諸法亦如是

인자께서 지금 이 뜻을 묻는 것은
중생들을 밝게 깨우치기 위함이라
제가 그 성품과 같이 답하리니
인자시여 응당 자세히 들으소서

모든 법은 작용한다는 것이 없으며
성품의 몸 또한 있다 할 것이 없어서
그러므로 저 모든 것은
제각기 서로 알지 못합니다

비유하면 강 속의 물이
급하게 서로 다투듯 흘러가나
제각기 서로 알지 못하듯이
모든 법 또한 그렇습니다

亦如大火聚
猛焰同時發
各各不相知
諸法亦如是

又如長風起
遇物咸鼓扇
各各不相知
諸法亦如是

又如衆地界
展轉因依住
各各不相知
諸法亦如是

또한 커다란 불더미의
성난 불꽃이 동시에 일어나도
제각기 서로 알지 못하듯이
모든 법 또한 그렇습니다

또한 큰 바람이 일어나서
물건을 만나면 두드려 흔들지만
제각기 서로 알지 못하듯이
모든 법 또한 그렇습니다

또한 온갖 땅〔地界〕*에
되풀이하여 인연에 의지해 머물지만
제각기 서로 알지 못하듯이
모든 법 또한 그렇습니다

眼耳鼻舌身
心意諸情根
以此常流轉
而無能轉者

法性本無生
示現而有生
是中無能現
亦無所現物

眼耳鼻舌身
心意諸情根
一切空無性
妄心分別有

눈과 귀와 코와 혀와 몸과
마음과 뜻, 모든 정(情)의 뿌리가
이에 항상 유전하지만
굴리는 자가 없습니다

법성은 본래 남이 없어서
나타내 보임에 생긴 듯하나
이 가운데 나타남 없어서
나타낸 물건 또한 없는 것입니다

눈과 귀와 코와 혀와 몸과
마음과 뜻, 모든 정의 뿌리가
모두 다 공하여 성품이 없는데
망령된 맘으로 분별하여 있다 합니다

如理而觀察
一切皆無性
法眼不思議
此見非顛倒

若實若不實
若妄若非妄
世間出世間
但有假言說

이치대로 관찰하면
모든 것에 다 성품이 없나니
법의 눈이란 것은 부사의해서
이런 견해라야만이 전도된 것이 아닙니다

실답거나 실답지 않거나
허망하거나 허망하지 않거나
세간이거나 출세간이거나 하는 것이
다만 거짓된 말일 뿐입니다

爾時 文殊師利菩薩 問財首菩薩言 佛子 一切衆生 非衆生
云何如來 隨其時 隨其命 隨其身 隨其行 隨其解 隨其言
論 隨其心樂 隨其方便 隨其思惟 隨其觀察 於如是諸衆生
中 爲現其身 敎化調伏 時 財首菩薩 以頌答曰

此是樂寂滅
多聞者境界
我爲仁宣說
仁今應聽受

문수사리보살이 재수보살에게 묻고 재수보살이 게
송으로 답하다

이때 문수사리보살이 재수보살에게 물었다.

"불자여, 일체 중생이 중생이 아니거늘 어찌하여 여래께
서는 그 때를 따르고, 그 목숨을 따르며, 그 몸을 따르고,
그 행을 따르며, 그 아는 것을 따르고, 그 말과 논의하는
것을 따르며, 그 마음이 좋아하는 것을 따르고, 그 방편을
따르며, 그 생각하는 것을 따르고, 그 관찰하는 것을 따라
서 이와 같은 모든 중생 가운데 그 몸을 나투어 교화하고
조복시키십니까?"

이때 재수보살이 게송으로 대답하였다.

이것은 이 적멸의 즐김일 뿐이나
많이 듣고자 하는 이들의 경계로
제가 인자를 위하여 널리 펴 말하리니
인자시여 이제 응당 들으소서

分別觀內身
此中誰是我
若能如是解
彼達我有無

此身假安立
住處無方所
諦了是身者
於中無所着

於身善觀察
一切皆明見
知法皆虛妄
不起心分別

내면을 관하여 분별하자면
이 가운데 무엇을 나라 하리오
만일 능히 이와 같이 깨달으면
나라 할 것 없음을 통달한 것입니다

이 몸은 거짓된 존재이니
머물 곳도 방소(方所)도 없어서
이 몸을 명료하게 아는 이라면
그 가운데 집착함이 없을 것입니다

몸을 잘 관찰해서
일체를 다 밝게 보면
법이 모두 허망한 줄 알아서
분별하는 마음을 일으키지 않을 것입니다

壽命因誰起
復因誰退滅
猶如旋火輪
初後不可知

智者能觀察
一切有無常
諸法空無我
永離一切相

衆報隨業生
如夢不眞實
念念常滅壞
如前後亦爾

수명(壽命)은 무엇을 인하여 생겼으며
또 무엇을 인하여 없어지는 것일까
마치 돌아가는 불바퀴와 같아서
처음과 끝을 알 수 없는 것입니다

지혜로운 이가 능히 관찰하면
일체 있는 것이란 무상한 것이라
모든 법이 공하여 나라 할 것 없어서
영원히 일체 상을 여의었습니다

온갖 과보가 업을 따라 생겼으니
꿈과 같아서 진실하지 못하며
생각생각마다 항상 무너져 없어지는 것이
앞과 같이 뒤에도 또한 그렇습니다

世間所見法
但以心爲主
隨解取衆相
顚倒不如實

世間所言論
一切是分別
未曾有一法
得入於法性

能緣所緣力
種種法出生
速滅不暫停
念念悉如是

세간에서 보는 법이란

오로지 마음이 주인이거늘

아는 것을 따라 온갖 상을 취하는 것이니

전도된 것이어서 실다운 것이 아닙니다

세간에서 말하고 논의하는

일체가 분별일 뿐이니

일찍이 한 법도

법성에 듦을 얻지 못한 것입니다

능연과 소연*의 힘으로

갖가지 법이 생겨났다지만

잠깐도 머무르지 못하고 곧 멸하는 것이어서

생각생각마다 모두 그러한 것입니다

爾時 文殊師利菩薩 問寶首菩薩言 佛子 一切衆生 等有四
大 無我無我所 云何而有受苦受樂 端正醜陋 內好外好 少
受多受 或受現報 或受後報 然 法界中 無美無惡 時 寶首
菩薩 以頌答曰

　　　　　　隨其所行業
　　　　　　如是果報生
　　　　　　作者無所有
　　　　　　諸佛之所說

문수사리보살이 보수보살에게 묻고 보수보살이 게
송으로 답하다

이때 문수사리보살이 보수보살에게 물었다.

"불자여, 일체 중생에게 똑같이 사대가 있다 하나, 나라
할 것이 없고, 나의 곳이라 할 것도 없는데, 어찌하여 괴로
움을 받고 즐거움을 받는 것과 단정하거나 추하고 천한
것과 안으로 좋고 밖으로 좋은 것과 적게 받고 많이 받는
것과 혹 현재에 과보를 받고 혹 미래에 과보를 받는 것이
있습니까? 그러나 법계 가운데에는 아름답다 할 것도 없
고 추하다 할 것도 없습니다."

이때 보수보살이 게송으로 대답하였다.

그 행한 바 업을 따라서
이와 같은 과보가 생겼다 하나
지은 자도, 있다 할 것도 없으니
모든 부처님이 말씀하신 대로입니다

譬如淨明鏡
隨其所對質
現像各不同
業性亦如是

亦如田種子
各各不相知
自然能出生
業性亦如是

又如巧幻師
在彼四衢道
示現衆色相
業性亦如是

비유하면 깨끗하고 밝은 거울이
그 대하는 모양을 따라서
나타내는 상이 각각 같지 않듯이
업의 성품 또한 이와 같습니다

또한 밭에 심은 씨앗이
제각기 서로 알지 못하지만
자연히 싹이 나오듯이
업의 성품 또한 이와 같습니다

또한 공교로운 요술사가
저 사거리에서
온갖 색과 모양을 나타내 보이듯이
업의 성품 또한 이와 같습니다

如機關木人
能出種種聲
彼無我非我
業性亦如是

亦如衆鳥類
從㲉而得出
音聲各不同
業性亦如是

譬如胎藏中
諸根悉成就
體相無來處
業性亦如是

꼭두각시 인형이
갖가지 소리를 내지만
나라 할 것도 나 아니라 할 것도 없듯이
업의 성품도 또한 이와 같습니다

또한 온갖 새의 무리가
모두 다 알에서 나오지만
음성은 제각기 같지 않듯이
업의 성품 또한 이와 같습니다

비유하면 태 속에서
육근이 다 이루어지지만
몸 모습이 온 곳을 모르듯이
업의 성품 또한 이와 같습니다

又如在地獄
種種諸苦事
彼悉無所從
業性亦如是

譬如轉輪王
成就勝七寶
來處不可得
業性亦如是

又如諸世界
大火所燒然
此火無來處
業性亦如是

또한 지옥에 있는
갖가지 모든 고통스런 일이
다 온 곳이 없듯이
업의 성품 또한 이와 같습니다

비유하면 전륜왕이
뛰어난 칠보를 성취했으나
온 곳을 찾을 수 없듯이
업의 성품 또한 이와 같습니다

또한 모든 세계를
큰 불이 불태워버리지만
이 불이 온 곳이 없듯이
업의 성품 또한 이와 같습니다

爾時 文殊師利菩薩 問德首菩薩言 佛子 如來所悟 唯是一
法 云何乃說無量諸法 現無量刹 化無量衆 演無量音 示無
量身 知無量心 現無量神通 普能震動無量世界 示現無量殊
勝莊嚴 顯示無邊種種境界 而法性中 此差別相 皆不可得
時 德首菩薩 以頌答曰

佛子所問義
甚深難可了
智者能知此
常樂佛功德

문수사리보살이 덕수보살에게 묻고 덕수보살이 게
송으로 답하다

이때 문수사리보살이 덕수보살에게 물었다.

"불자여, 여래께서 깨달은 것은 오직 이 온통인 법이거늘
어찌하여 한량없는 모든 법을 설하고, 한량없는 세계를 나
타내며, 한량없는 중생을 교화하고, 한량없는 음성을 널리
펴며, 한량없는 몸을 보이고, 한량없는 마음을 알며, 한량
없는 신통을 나투고, 널리 한량없는 세계를 진동시키며,
한량없이 수승한 장엄을 나타내 보이고, 가없는 갖가지 경
계를 나타내 보이십니까? 그러나 법성 가운데에서는 이
차별상을 모두 얻을 수 없습니다."

이때 덕수보살이 게송으로 대답하였다.

불자여, 물은 바의 뜻은
매우 깊어 깨닫기 어려우나
지혜로운 이라면 능히 이것을 알아서
부처님의 공덕을 항상 즐길 것입니다

譬如地性一
衆生各別住
地無一異念
諸佛法如是

亦如火性一
能燒一切物
火焰無分別
諸佛法如是

亦如大海一
波濤千萬異
水無種種殊
諸佛法如是

비유하면 땅의 성품이 한 가지인데
중생들이 각기 달리 살아도
땅은 하나의 다른 생각도 없듯이
모든 불법도 이와 같습니다

또한 불의 성품이 한 가지인데
일체 물건을 태워도
불꽃은 분별함 없듯이
모든 불법도 이와 같습니다

또한 큰 바다가 한 가지인데
파도가 천만 가지로 달라도
물은 갖가지로 차별함이 없듯이
모든 불법도 이와 같습니다

亦如風性一
能吹一切物
風無一異念
諸佛法如是

亦如大雲雷
普雨一切地
雨滴無差別
諸佛法如是

亦如地界一
能生種種芽
非地有殊異
諸佛法如是

또한 바람의 성품이 한 가지인데
일체 물건에 불어도
바람은 하나의 다른 생각도 없듯이
모든 불법도 이와 같습니다

또한 큰 구름과 우레가
일체 땅에 두루 비를 내리지만
빗방울에는 차별이 없듯이
모든 불법도 이와 같습니다

또한 땅은 한 가지인데
갖가지 싹이 나지만
땅에는 다름이 없듯이
모든 불법도 이와 같습니다

如日無雲曀
普照於十方
光明無異性
諸佛法如是

亦如空中月
世間靡不見
非月往其處
諸佛法如是

譬如大梵王
應現滿三千
其身無別異
諸佛法如是

구름에 가림이 없는 해가
시방을 널리 비추지만
광명에는 다른 성품이 없듯이
모든 불법도 이와 같습니다

또한 허공의 달을
세간에서 모두 보지만
달은 그곳에 간 적도 없듯이
모든 불법도 이와 같습니다

비유하면 대범천왕이
삼천계에 응해 나투기를 가득히 하지만
그 몸은 각각으로 달라진 적도 없듯이
모든 불법도 이와 같습니다

爾時 文殊師利菩薩 問目首菩薩言 佛子 如來福田 等一無
異 云何而見衆生 布施 果報不同 所謂種種色 種種形 種
種家 種種根 種種財 種種主 種種眷屬 種種官位 種種功
德 種種智慧 而佛於彼 其心平等 無異思惟 時 目首菩薩
以頌答曰

　　　　　　譬如大地一
　　　　　　隨種各生芽
　　　　　　於彼無怨親
　　　　　　佛福田亦然

문수사리보살이 목수보살에게 묻고 목수보살이 게
송으로 답하다

이때 문수사리보살이 목수보살에게 물었다.

"불자여, 여래의 복밭은 평등하여 한결같아서 다름이 없
는데, 어찌하여 중생이 보시한 과보가 같지 않은 것을 보
게 됩니까?

갖가지 색과 갖가지 형상, 갖가지 집, 갖가지 근기, 갖가
지 재물, 갖가지 주인, 갖가지 권속과 갖가지 벼슬의 지위,
갖가지 공덕과 갖가지 지혜지만 부처님은 그에 대해 그
마음이 평등하여 다른 생각이 없습니다."

이때 목수보살이 게송으로 대답하였다.

비유하면 대지는 한 가지인데
씨앗을 따라서 각각 싹이 나듯이
원수도 친한 이도 없지만
부처님의 복밭 또한 그렇습니다

又如水一味
因器有差別
佛福田亦然
衆生心故異

亦如巧幻師
能令衆歡喜
佛福田如是
令衆生敬悅

如有才智王
能令大衆喜
佛福田如是
令衆悉安樂

또한 물이 한 맛인데
그릇을 인해 차별이 있듯이
부처님의 복밭 또한 그러해서
중생들의 마음이 다를 뿐입니다

또한 공교로운 요술사가
능히 대중을 기쁘게 하듯이
부처님의 복밭도 그러해서
중생들을 공경하고 기쁘게 할 뿐입니다

재주 있고 지혜로운 왕이
능히 대중을 기쁘게 하듯이
부처님의 복밭도 그러해서
대중을 다 안락하게 할 뿐입니다

譬如淨明鏡
隨色而現像
佛福田如是
隨心獲衆報

如阿揭陀藥
能療一切毒
佛福田如是
滅諸煩惱患

亦如日出時
照曜於世間
佛福田如是
滅除諸黑暗

비유하면 맑고 밝은 거울이
색을 따라 형상을 나타내듯이
부처님의 복밭도 그러해서
마음을 따라서 온갖 과보를 얻는 것입니다

아가타라고 하는 약이
일체 독을 능히 고치듯이
부처님의 복밭도 그러해서
모든 번뇌와 근심을 없애줍니다

또한 태양이 떠오를 때
온 세간을 환하게 비추듯이
부처님의 복밭도 그러해서
모든 어둠을 없애줍니다

亦如淨滿月
普照於大地
佛福田亦然
一切處平等

譬如毘藍風
普震於大地
佛福田如是
動三有衆生

譬如大火起
能燒一切物
佛福田如是
燒一切有爲

또한 청정한 보름달이
대지를 널리 비추듯이
부처님의 복밭도 그러해서
일체 곳에 평등합니다

비유하면 태풍이 불어서
대지를 두루 진동시키듯이
부처님의 복밭도 그러해서
삼계〔三有〕의 중생들을 움직입니다

비유하면 큰 불길이 일어서
일체 물건을 능히 태우듯이
부처님의 복밭도 그러해서
일체 유위법을 태워버립니다

爾時 文殊師利菩薩 問勤首菩薩言 佛子 佛敎 是一 衆生
得見 云何不卽悉斷一切諸煩惱縛 而得出離 然其色蘊受蘊
想蘊行蘊識蘊 欲界色界無色界 無明貪愛 無有差別 是則
佛敎 於諸衆生 或有利益 或無利益 時 勤首菩薩 以頌答
曰

佛子善諦聽
我今如實答
或有速解脫
或有難出離

문수사리보살이 근수보살에게 묻고 근수보살이 게
송으로 답하다

이때 문수사리보살이 근수보살에게 물었다.

"불자여, 부처님의 가르침은 이 온통이거늘 중생들이 보
고도 어찌하여 즉시 일체 모든 번뇌의 속박을 다 끊고 벗
어나지 못합니까? 그렇다 해도 색·수·상·행·식과 욕
계·색계·무색계와 무명·탐욕·애착에 차별이 없는 것
이 곧 부처님의 가르침이거늘, 모든 중생이 혹 이익이 있
기도 하고 혹 이익이 없기도 합니다."

이때 근수보살이 게송으로 대답하였다.

불자여, 자세히 잘 들으소서
제가 이제 실답게 답하리니
혹 어떤 이는 빠르게 해탈하지만
혹 어떤 이는 벗어나기 어렵습니다

若欲求除滅
無量諸過惡
當於佛法中
勇猛常精進

譬如微少火
樵濕速令滅
於佛敎法中
懈怠者亦然

如鑽燧求火
未出而數息
火勢隨止滅
懈怠者亦然

만약에 한량없는 모든 과오를
제거해 없애기를 바란다면
마땅히 불법 가운데에서
항상 용맹하게 정진해야 합니다

비유하면 아주 작은 불씨는
젖은 나무에도 속히 꺼져버리듯이
부처님의 가르치신 법 가운데에서
게으른 이가 또한 그렇습니다

나무를 비벼서 불을 구할 때
자주 쉬면 불이 나지 않고
불 기운도 따라서 그쳐 없어지듯이
게으른 이도 또한 그렇습니다

如人持日珠
不以物承影
火終不可得
懈怠者亦然

譬如赫日照
孩稚閉其目
怪言何不睹
懈怠者亦然

如人無手足
欲以芒草箭
遍射破大地
懈怠者亦然

어떤 이가 화경(火鏡)*을 가졌어도
물건이 빛을 받아들이지 않으면
불을 끝내 얻지 못하듯이
게으른 이도 또한 그렇습니다

비유하면 밝은 해가 비치건만
어린 아이가 그 눈을 감고서
어째서 보이지 않는지 기이하다고 말하듯이
게으른 이도 또한 그렇습니다

손발도 없는 사람이
억새풀 화살로써
두루 쏘아 대지를 부수고자 하듯이
게으른 이도 또한 그렇습니다

如以一毛端
而取大海水
欲令盡乾竭
懈怠者亦然

又如劫火起
欲以少水滅
於佛教法中
懈怠者亦然

如有見虛空
端居不搖動
而言普騰躍
懈怠者亦然

한 털끝을 가지고
큰 바다의 물을
다 말리고자 하듯이
게으른 이도 또한 그렇습니다

또한 겁화(劫火)가 일어날 때
적은 물로 끄고자 하듯이
부처님의 가르치신 법 가운데에서
게으른 이도 또한 그렇습니다

어떤 이가 허공을 보고
가만히 앉아서 움직이지도 않고
말로만 높이 올라갔다 하듯이
게으른 이도 또한 그렇습니다

爾時 文殊師利菩薩 問法首菩薩言 佛子 如佛所說 若有衆
生 受持正法 悉能除斷一切煩惱 何故 復有受持正法 而不
斷者 隨貪瞋癡 隨慢 隨覆 隨忿 隨恨 隨嫉 隨慳 隨誑 隨
諂 勢力所轉 無有離心 能受持法 何故 復於心行之內 起
諸煩惱 時 法首菩薩 以頌答曰

佛子善諦聽
所問如實義
非但以多聞
能入如來法

문수사리보살이 법수보살에게 묻고 법수보살이 게
송으로 답하다

이때 문수사리보살이 법수보살에게 물었다.

"불자여, 부처님께서 말씀하신 바와 같이 만일 어떤 중생
이 정법을 받아 지니면 능히 일체 번뇌가 끊어 없어져야
할 것인데, 어떤 까닭으로 다시 정법을 받아 지니고도 끊
지 못하는 것입니까? 탐욕과 성냄과 어리석음을 따르고,
교만함을 따르며, 전도됨을 따르고, 원망함을 따르며, 억울
함을 따르고, 시기함을 따르며, 간탐을 따르고, 속임을 따
르며, 아첨함을 따라 세력이 구르는 데에서 떠날 마음이
없으니, 능히 법을 받아 지녔는데도 어떤 까닭으로 다시
내면의 마음행이 모든 번뇌를 일으키는 것입니까?"

이때 법수보살이 게송으로 대답하였다.

불자여, 자세히 잘 들으소서
실다운 뜻을 묻는 것이라면
다만 많이 들은 것만으로는
여래의 법에 들어가지 못하기 때문입니다

如人水所漂
懼溺而渴死
於法不修行
多聞亦如是

如人設美饍
自餓而不食
於法不修行
多聞亦如是

如人善方藥
自疾不能救
於法不修行
多聞亦如是

어떤 이가 물에 표류하면서

갈증에 죽어가듯이

불법을 수행하지 않으면서

많이 듣기만 하는 것도 또한 이와 같습니다

어떤 이가 맛난 음식이 즐비한데

스스로 굶주리면서도 먹지 않듯이

불법을 수행하지 않으면서

많이 듣기만 하는 것 또한 이와 같습니다

어떤 이가 약방문을 잘 알면서도

자기 병은 고치지 못하듯이

불법을 수행하지 않으면서

많이 듣기만 하는 것 또한 이와 같습니다

如人數他寶
自無半錢分
於法不修行
多聞亦如是

如有生王宮
而受餒與寒
於法不修行
多聞亦如是

如聾奏音樂
悅彼不自聞
於法不修行
多聞亦如是

어떤 이가 남의 보배만 세면서

자기에겐 반 푼도 없듯이

불법을 수행하지 않으면서

많이 듣기만 하는 것 또한 이와 같습니다

어떤 이가 왕궁에 태어나서도

굶주림과 추위에 떨듯이

불법을 수행하지 않으면서

많이 듣기만 하는 것 또한 이와 같습니다

귀머거리가 음악을 연주하는데

남은 즐겁게 하면서 자신은 듣지 못하듯이

불법을 수행하지 않으면서

많이 듣기만 하는 것 또한 이와 같습니다

如盲績衆像
示彼不自見
於法不修行
多聞亦如是

譬如海船師
而於海中死
於法不修行
多聞亦如是

如在四衢道
廣說衆好事
內自無實德
不行亦如是

소경이 온갖 형상을 그려서
남에게 보여주면서도 자신은 보지 못하듯이
불법을 수행하지 않으면서
많이 듣기만 하는 것 또한 이와 같습니다

비유하면 바다의 뱃사공이
바다 가운데에서 죽듯이
불법을 수행하지 않으면서
많이 듣기만 하는 것 또한 이와 같습니다

어떤 이가 사거리에 있으면서
온갖 좋은 일을 널리 설하지만
자기 안에 진실한 덕이 없듯이
행하지 않으면 또한 이와 같은 것입니다

爾時 文殊師利菩薩 問智首菩薩言 佛子 於佛法中 智爲上
首 如來 何故 或爲衆生 讚歎布施 或讚持戒 或讚堪忍 或
讚精進 或讚禪定 或讚智慧 或復讚歎慈悲喜捨 而終無有
唯以一法 而得出離 成阿耨多羅三藐三菩提者 時 智首菩
薩 以頌答曰

佛子甚希有
能知衆生心
如仁所問義
諦聽我今說

문수사리보살이 지수보살에게 묻고 지수보살이 게
송으로 답하다

이때 문수사리보살이 지수보살에게 물었다.

"불자여, 불법 가운데 지혜가 으뜸이거늘 여래께서 무슨
까닭으로 혹 중생을 위해 보시를 찬탄하고, 혹 지계를 찬
탄하며, 혹 인욕을 찬탄하고, 혹 정진을 찬탄하며, 혹 선정
을 찬탄하고, 혹 지혜를 찬탄하며, 혹 또한 자비희사를 찬
탄하십니까? 그러나 끝내 오직 한 가지 법으로써만 해탈
을 얻어서 아뇩다라삼먁삼보리를 이룬 자는 없다 할 것입
니다."

이때 지수보살이 게송으로 대답하였다.

불자여, 매우 희유하옵니다
중생들의 마음을 능히 아시니
어진 이가 묻는 바 뜻을
제가 이제 설하리니 자세히 들으소서

過去未來世
現在諸導師
無有說一法
而得於道者

佛知衆生心
性分各不同
隨其所應度
如是而說法

慳者爲讚施
毁禁者讚戒
多瞋爲讚忍
好懈讚精進

과거와 미래 세상과
현재의 모든 부처님〔導師〕께서는
한 법도 설한 적 없고
도라는 것을 얻은 적도 없습니다

부처님께서는 중생들의 마음을 알아
성향이 제각기 같지 않음에
그에 따라 응하여 제도하므로
그와 같이 법을 설하실 뿐입니다

아끼는 이에게는 보시를 찬탄하고
파계한 이에게는 계행을 찬탄하며
진심이 많은 이에게는 인욕을 찬탄하고
게으름을 좋아하는 이에게는 정진을 찬탄하십니다

亂意讚禪定
愚癡讚智慧
不仁讚慈愍
怒害讚大悲

憂慼爲讚喜
曲心讚歡捨
如是次第修
漸具諸佛法

如先立基堵
而後造宮室
施戒亦復然
菩薩衆行本

마음이 산란한 이에게는 선정을 찬탄하고
어리석은 이에게는 지혜를 찬탄하며
어질지 못한 이에게는 자비를 찬탄하고
성내고 해치는 이에게는 대비를 찬탄하십니다

근심하면 기쁨을 찬탄하고
바르지 못한 마음엔 기꺼이 버리는 것을 찬탄하여
이와 같이 차례로 닦게 해서
모든 불법을 점차 갖추게 하십니다

먼저 기초를 닦고
나중에 궁실을 조성하듯이
보시와 계행도 또한 그러해서
보살의 온갖 행의 근본입니다

譬如建城郭
爲護諸人衆
忍進亦如是
防護諸菩薩

譬如大力王
率土咸戴仰
定慧亦如是
菩薩所依賴

亦如轉輪王
能與一切樂
四等亦如是
與諸菩薩樂

비유하면 성곽을 세우는 것은
모든 백성을 보호하기 위해서듯이
인욕과 정진도 또한 이와 같아서
모든 보살을 보호하기 위함입니다

비유하면 대력왕을
거느리는 국토에서 모두 우러러 받들듯이
선정과 지혜도 또한 이와 같아서
보살들이 의지하여 힘입는 것입니다

또한 전륜성왕이
일체 즐거움을 능히 주듯이
자·비·희·사*도 또한 이와 같아서
모든 보살에게 즐거움을 줍니다

爾時 文殊師利菩薩 問賢首菩薩言 佛子 諸佛世尊 唯以一
道 而得出離 云何今見一切佛土 所有衆事 種種不同 所謂
世界 衆生界 說法 調伏 壽量 光明 神通 衆會 敎儀 法住
各有差別 無有不具一切佛法 而成阿耨多羅三藐三菩提者
時 賢首菩薩 以頌答曰

文殊法常爾

法王唯一法

一切無礙人

一道出生死

문수사리보살이 현수보살에게 묻고 현수보살이 게
송으로 답하다

이때 문수사리보살이 현수보살에게 물었다.

"불자여, 모든 불세존께서 오직 온통인 도로써 벗어남을
얻으셨거늘 지금 보니 어찌하여 일체 부처님 국토에 있는
온갖 일들이 갖가지로 같지 않습니까? 세계와 중생계와
설법, 조복, 수명, 광명, 신통, 대중모임, 가르치는 의식, 법
주*가 각각 차별이 있으니, 일체 불법을 갖추지 않고는 아
뇩다라삼먁삼보리를 이루는 이가 없습니다."

이때 현수보살이 게송으로 대답하였다.

문수여, 법이 항상 이러하여
법왕에겐 오직 온통인 법뿐이요
일체 걸림이 없는 분이라
온통인 도로써 생사를 초월하셨습니다

一切諸佛身
唯是一法身
一心一智慧
力無畏亦然

如本趣菩提
所有廻向心
得如是刹土
衆會及說法

一切諸佛刹
莊嚴悉圓滿
隨衆生行異
如是見不同

일체 모든 부처님의 몸이란
오직 이 온통인 법신이며
온통인 마음이요, 온통인 지혜라
힘과 두려움 없음 또한 그러합니다

본래의 보리도에 나아가서는
모든 회향한 마음으로
이와 같은 국토를 얻어
대중을 모으고 설법을 하십니다

일체 모든 부처님세계의
장엄이 다 원만하건만
중생들의 행이 다른 것을 따라서
이와 같이 보이는 것도 같지 않을 뿐입니다

佛刹與佛身
衆會及言說
如是諸佛法
衆生莫能見

其心已清淨
諸願皆具足
如是明達人
於此乃能睹

隨衆生心樂
及以業果力
如是見差別
此佛威神故

부처님세계와 부처님 몸과
대중모임과 설한 말씀
이러-한 모든 불법을
중생들이 능히 보지 못할 뿐입니다

그 마음이 이미 청정하고
모든 서원도 다 구족한
이와 같이 밝게 통달한 사람이어야
이에 능히 볼 수 있습니다

중생들 마음의 즐기는 것에 따르고
업에 의한 과보의 힘 따라서
이와 같이 차별을 보이시는 것이
부처님의 위신력입니다

佛刹無分別
無憎無有愛
但隨衆生心
如是見有殊

以是於世界
所見各差別
非一切如來
大仙之過咎

一切諸世界
所應受化者
常見人中雄
諸佛法如是

부처님세계는 분별이 없고
미워함도 애착함도 없지만
다만 중생의 마음을 따라서
이와 같이 보이는 것에 다름이 있습니다

이러므로 세계에서
보이는 바가 제각기 다른 것은
일체 여래인 부처님〔大仙〕의
허물이 아닙니다

일체 모든 세계의
응당 교화 받을 만한 이라면
사람 중에 뛰어난 이를 항상 볼 것이니
모든 불법이 이와 같습니다

爾時 諸菩薩 謂文殊師利菩薩言 佛子 我等所解 各自說已
唯願仁者 以妙辯才 演暢如來 所有境界 何等 是佛境界 何
等 是佛境界因 何等 是佛境界度 何等 是佛境界入 何等 是
佛境界智 何等 是佛境界法 何等 是佛境界說 何等 是佛
境界知 何等 是佛境界證 何等 是佛境界現 何等 是佛境
界廣 時 文殊師利菩薩 以頌答曰

모든 보살이 문수사리보살에게 묻고 문수사리보살이 게송으로 답하다

이때 모든 보살이 문수사리보살에게 말하였다.

"불자여, 우리들은 아는 바대로 각자 설하였습니다. 오직 원하건대 인자께서, 묘한 변재로써 여래의 모든 경계를 널리 설하여 주십시오.

어떤 것이 부처님의 경계이고, 어떤 것이 부처님 경계의 인이며, 어떤 것이 부처님 경계의 제도함이고, 어떤 것이 부처님 경계의 듦이며, 어떤 것이 부처님 경계의 지혜이고, 어떤 것이 부처님 경계의 법이며, 어떤 것이 부처님 경계의 설함이고, 어떤 것이 부처님 경계의 앎이며, 어떤 것이 부처님 경계의 증득함이고, 어떤 것이 부처님 경계의 나툼이며, 어떤 것이 부처님 경계의 광대함입니까?"

이때 문수사리보살이 게송으로 대답하였다.

如來深境界
其量等虛空
一切衆生入
而實無所入

如來深境界
所有勝妙因
億劫常宣說
亦復不能盡

隨其心智慧
誘進咸令益
如是度衆生
諸佛之境界

여래의 깊은 경계는
그 양이 허공과 같아서
일체 중생이 들어가도
진실로 들어간 곳이 없습니다

여래의 깊은 경계의
모든 수승하고 신묘한 인(因)은
억겁 동안을 항상 널리 펴 설한다 해도
또한 능히 다할 수가 없습니다

그 마음의 지혜를 따라서
힘써 인도하여 다 이롭게 하시니
이와 같이 중생들을 제도하는 것이
모든 부처님의 경계입니다

世間諸國土
一切皆隨入
智身無有色
非彼所能見

諸佛智自在
三世無所礙
如是慧境界
平等如虛空

法界衆生界
究竟無差別
一切悉了知
此是如來境

세간의 모든 국토에
일체 다 따라 드시건만
지혜의 몸은 모양이 없으니
저들의 능과 소의 견해로는 보지 못합니다

모든 부처님께서는 지혜가 자재하여
삼세에 걸림이 없으시니
이와 같은 지혜의 경계는
평등하기가 허공과 같습니다

법계와 중생계가
구경에는 차별이 없는 것이니
일체를 다 밝게 아는 것
이것이 여래의 경계입니다

一切世界中
所有諸音聲
佛智皆隨了
亦無有分別

非識所能識
亦非心境界
其性本清淨
開示諸群生

非業非煩惱
無物無住處
無照無所行
平等行世間

일체 세계 가운데
모든 음성을
부처님의 지혜로 다 밝게 따라주지만
역시 분별함이 없으십니다

앎이 능, 소의 앎이 아니며
또한 마음도 경계도 아니니
그 성품 본래의 청정함을
모든 중생에게 열어 보이십니다

업도 아니고 번뇌도 아니요
물건이랄 것도 머무를 곳도 없으며
비춤도 없고 행하는 바도 없음으로
평등하게 세간에 행하십니다

一切衆生心
普在三世中
如來於一念
一切悉明達

爾時　此娑婆世界中　一切衆生　所有法差別　業差別　世間差
別　身差別　根差別　受生差別　持戒果差別　犯戒果差別　國
土果差別　以佛神力　悉皆明現　如是東方百千億那由他　無
數無量無邊無等　不可數不可稱不可思不可量不可說　盡法界
虛空界一切世界中　所有衆生　法差別　乃至國土果差別　悉以
佛神力故　分明顯現　南西北方　四維上下　亦復如是

일체 중생의 마음이
삼세 가운데 널리 있거늘
여래께서는 온통인 생각으로
일체 다 밝게 통달하셨습니다

　이때 이 사바세계 가운데 일체 중생에게 모든 법의 차별과 업의 차별과 세간의 차별과 몸의 차별과 근기의 차별과 몸을 받는 차별과 계를 지킨 과보의 차별과 계를 범한 과보의 차별과 국토 과보의 차별함이 부처님의 위신력으로 모두 다 밝게 나타났다.
　이와 같이 동방으로 백천억 나유타와 무수 무량 무변 무등 불가수 불가칭 불가사 불가량 불가설 수의 온 법계와 허공계의 일체 세계 가운데 모든 중생의 법의 차별과 내지 국토 과보의 차별함을 다 부처님의 위신력으로 분명히 나타나게 하시고, 남서북방과 네 간방과 상방과 하방에도 또한 다 이와 같이 하셨다.

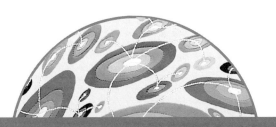

대원선사 결문

대원선사 결문(決文)

문 : 보살문명품의 뜻을 간결하게 밝혀 주십시오.

답 : 선각자들의 말로는 밝힐 수 없는 용맹한 정진과 깨
달아서 중생구제에 멈춤이 없는 공교로운 수기설법
이 보살문명품이니라.

문 : 어떻게 해야 수기설법을 잘 받아들여 깨닫겠습니까?

답 : 요즈음 말법 때는 계행으로 몸의 업을 다스리고, 꾸
준한 참선으로 선정력을 길러서 대오해야 한다. 그
리고 깨쳐서는 베풀어 덕을 쌓는 보림을 하여 양족
존의 장부로 중생구제를 실천함으로써 불보살님의
은혜에 보답해야 한다.

∽ 미주

* 경행(經行) : 석가모니부처님께서 출세(出世)하셔서 사방으로 일곱
걸음 걸으신 것을 말한다.
* 능연과 소연 : 능연(能緣)은 능히 반연하는 마음 곧 주관 작용을 말
한다. 소연(所緣)은 마음으로 인식하는 대상 즉, 경계(境界)를 말한
다.
* 대모니 : 부처님을 말한다. 모니는 첫 번째 적묵의 뜻. 두 번째 마니
주의 뜻이 있다.
* 땅〔地界〕 : 원문의 '지계(地界)'는 ① 영토의 경계. ② 땅의 경계. ③
토지. ④ (불교용어) 삼계(三界)를 말한다.
* 모든 유루의 세계 : 원문의 '제유(諸有)'를 때에 따라 '모든 미혹의
경계' 혹은 '모든 유루의 세계'라 번역하였다. 모든 유루의 세계는
삼계 즉 욕계, 색계, 무색계를 다 통틀어 말하는 것이다. 인간세계
가 속해 있는 욕계에서 보자면 인간, 천상으로부터 축생, 아수라,
아귀, 지옥의 육도가 다 이에 속하며 유정은 물론 물, 불, 바람, 흙
등 무정에 이르기까지의 모든 중생세계도 이에 속한다. 이 화엄경
을 보면 불보살님의 교화는 이렇게 높고 낮고 크고 작은 것을 초월
하여 극미세의 세계에까지 두루 미쳐 있다는 것을 알 수 있다. 이
런 이치에 따라 '제유'를 '모든 유루의 세계'라고 번역하였다.
* 바른 생각〔正念〕 : 팔정도(八正道)의 하나.

* 법주(法住) : 진여(眞如)의 미묘한 이치는 반드시 만유 가운데 있음
  을 이르는 말.

* 성품의 몸 : 원문에 '체성(體性)'이라고 되어 있는데, 물(物)의 실질(實
  質)은 체가 되고 체의 고쳐짐이 없는 것이 성이니, 체는 곧 성이다.

* 십력(十力) : ① 일체 도리와 도리 아님을 아는 지혜의 힘. ② 일체
  중생의 삼세인과의 업보를 아는 지혜의 힘. ③ 모든 선정과 해탈삼
  매를 아는 지혜의 힘. ④ 중생의 근기의 수승함과 열등함, 얻은 과가
  크고 작음을 아는 지혜의 힘. ⑤ 일체 중생의 알음알이를 아는 지혜
  의 힘. ⑥ 일체 중생의 서로 다른 모든 경계를 아는 지혜의 힘. ⑦
  일체 중생의 도를 행하는 인과를 아는 지혜의 힘. ⑧ 천안으로 일체
  중생의 생사와 선악의 업연을 장애 없이 아는 지혜의 힘. ⑨ 일체
  중생들의 무루의 열반을 아는 지혜의 힘. ⑩ 일체 망상과 미혹, 습기
  를 영원히 끊어서 다시 남이 없음을 여실히 아는 지혜의 힘.

* 여래(如來) : 부처님의 열 가지 명호 중 하나.

* 열 부처님〔十佛〕: 해경십불(解境十佛) - 화엄종에서 진실한 지해(智
  解)로써 법계를 볼 때에는 만유는 모두 불신(佛身)이라 하여, 이것
  을 중생신(衆生身), 국토신(國土身), 업보신(業報身), 성문신(聲聞身),
  연각신(緣覺身), 보살신(菩薩身), 여래신(如來身), 지신(智身), 법신(法
  身), 허공신(虛空身)의 10종으로 나눈 것. 행경십불(行境十佛) - 화엄

종에서 수행한 결과로 깨달아 얻는 불신(佛身)의 경계를 10종으로 나눈 것. ① 정각불(正覺佛) 또는 무착불(無着佛) ② 원불(願佛) ③ 업보불(業報佛) ④ 주지불(住持佛) ⑤ 화불(化佛) ⑥ 법계불(法界佛) ⑦ 심불(心佛) ⑧ 삼매불(三昧佛) ⑨ 성불(性佛) ⑩ 여의불(如意佛).

* 영겁(永劫) : 영원한 세월.

* 유(有) : 미혹한 존재의 세계. 선악의 원인에 의해 미혹의 세계에서 고락의 과보를 받고 생사윤회가 계속되어 인과가 다하지 않는 곳.

* 위신력(威神力) : 부처님의 과위에 있는 존엄하고 측량할 수 없는 부사의한 힘.

* 위엄 있는 광명 : 원문의 '위광(威光)'은 부처님의 신령한 광명 혹은 사람에게 외경심을 일으키게 하는 덕의 힘, 감히 범할 수 없는 위엄을 말한다.

* 자·비·희·사 : 원문의 '등심(四等)'은 사등심(四等心), 즉 사무량심(四無量心)인 자(慈)·비(悲)·희(喜)·사(捨)를 말한다.

* 족륜(足輪) : 부처님의 발바닥에 있는 원형의 상.

* 피안(彼岸) : 모든 번뇌에 얽매인 고통의 세계인 생사 고해를 건넌 열반의 언덕.

* 화경(火鏡) : 볕에 비추어서 불을 일으키는 거울이라는 뜻으로 볼록 렌즈를 말한다.

불조정맥

불조정맥(佛祖正脈)

🪷 인 도

교조 석가모니불 (敎祖 釋迦牟尼佛)

1조 마하가섭 (摩訶迦葉)

2조 아난다 (阿難陀)

3조 상나화수 (商那和脩)

4조 우바국다 (優波鞠多)

5조 제다가 (堤多迦)

6조 미차가 (彌遮迦)

7조 바수밀 (婆須密)

8조 불타난제 (佛陀難堤)

9조 복타밀다 (伏馱密多)

10조 파율습박(협) (波栗濕縛, 脇)

11조 부나야사 (富那夜奢)

12조 아나보리(마명) (阿那菩堤, 馬鳴)

13조 가비마라 (迦毗摩羅)

14조 나가르주나(용수) (那閼羅樹那, 龍樹)

15조 가나제바 (迦那堤波)

16조 라후라타 (羅睺羅陀)

17조 승가난제 (僧伽難提)

18조 가야사다 (迦耶舍多)

19조 구마라다 (鳩摩羅多)

20조 사야다 (闍夜多)

21조 바수반두 (婆修盤頭)

22조 마노라 (摩拏羅)

23조 학륵나 (鶴勒那)

24조 사자보리 (師子菩堤)

25조 바사사다 (婆舍斯多)

26조 불여밀다 (不如密多)

27조 반야다라 (般若多羅)

28조 보리달마 (菩堤達磨)

🪷 중 국

29조 신광 혜가 (2 조 神光 慧可)

30조 감지 승찬 (3 조 鑑智 僧璨)

31조 대의 도신 (4 조 大醫 道信)

32조 대만 홍인 (5 조 大滿 弘忍)

33조 대감 혜능 (6 조 大鑑 慧能)

34조 남악 회양 (7 조 南嶽 懷讓)

35조 마조 도일 (8 조 馬祖 道一)

36조 백장 회해 (9 조 百丈 懷海)

37조 황벽 희운 (10조 黃檗 希運)

38조 임제 의현 (11조 臨濟 義玄)

39조 흥화 존장 (12조 興化 存獎)

40조 남원 혜옹 (13조 南院 慧顒)

41조 풍혈 연소 (14조 風穴 延沼)

42조 수산 성념 (15조 首山 省念)

43조 분양 선소 (16조 汾陽 善昭)

44조 자명 초원 (17조 慈明 楚圓)

45조 양기 방회 (18조 楊岐 方會)

46조 백운 수단 (19조 白雲 守端)

47조 오조 법연 (20조 五祖 法演)

48조 원오 극근 (21조 圓悟 克勤)

49조 호구 소륭 (22조 虎丘 紹隆)

50조 응암 담화 (23조 應庵 曇華)

51조 밀암 함걸 (24조 密庵 咸傑)

52조 파암 조선 (25조 破庵 祖先)

53조 무준 사범 (26조 無準 師範)

54조 설암 혜랑 (27조 雪岩 慧郎)

55조 급암 종신 (28조 及庵 宗信)

56조 석옥 청공 (29조 石屋 淸珙)

🏵 한 국

57조 태고 보우 (1 조 太古 普愚)

58조 환암 혼수 (2 조 幻庵 混脩)

59조 구곡 각운 (3 조 龜谷 覺雲)

60조 벽계 정심 (4 조 碧溪 淨心)

61조 벽송 지엄 (5 조 碧松 智儼)

62조 부용 영관 (6 조 芙蓉 靈觀)

63조 청허 휴정 (7 조 清虛 休靜)

64조 편양 언기 (8 조 鞭羊 彥機)

65조 풍담 의심 (9 조 楓潭 義諶)

66조 월담 설제 (10조 月潭 雪霽)

67조 환성 지안 (11조 喚醒 志安)

68조 호암 체정 (12조 虎巖 體淨)

69조 청봉 거안 (13조 青峰 巨岸)

70조 율봉 청고 (14조 栗峰 青杲)

71조 금허 법첨 (15조 錦虛 法沾)

72조 용암 혜언 (16조 龍巖 慧言)

73조 영월 봉율 (17조 詠月 奉律)

74조 만화 보선 (18조 萬化 普善)

75조 경허 성우 (19조 鏡虛 惺牛)

76조 만공 월면 (20조 滿空 月面)

77조 전강 영신 (21조 田岡 永信)

78대 대원 문재현 (22대 大圓 文載賢)

부록 2

대원 문재현 선사님
인가 내력

대원 문재현 선사님 인가 내력

제 1 오도송

이 몸을 끄는 놈 이 무슨 물건인가?
골똘히 생각한 지 서너 해 되던 때에
쉬이하고 불어온 솔바람 한 소리에
홀연히 대장부의 큰 일을 마치었네

무엇이 하늘이고 무엇이 땅이런가
이 몸이 청정하여 이러-히 가없어라
안팎 중간 없는 데서 이러-히 응하니
취하고 버림이란 애당초 없다네

하루 온종일 시간이 다하도록
헤아리고 분별한 그 모든 생각들이

옛 부처 나기 전의 오묘한 소식임을
듣고서 의심 않고 믿을 이 누구인가!

此身運轉是何物
疑端汨沒三夏來
松頭吹風其一聲
忽然大事一時了

何謂青天何謂地
當體清淨無邊外
無內外中應如是
小分取捨全然無

一日於十有二時
悉皆思量之分別
古佛未生前消息
聞者卽信不疑誰

　대원 문재현 선사님의 스승이신 불조정맥 제77조 조계종(曹溪宗)
전강(田岡) 대선사님께서 1962년 대구 동화사의 조실로 계실 당시
대원 문재현 선사님께서도 동화사에 함께 머무르고 계셨다.
　하루는, 전강 대선사님께서 대원 선사님의 3연으로 되어 있는 제
1오도송을 들어 깨달은 바는 분명하나 대개 오도송은 짧게 짓는다

고 말씀하셨다. 이에 대원 선사님께서는 제1오도송을 읊은 뒤, 도솔암을 떠나 김제들을 지나다가 석양의 해와 달을 보고 문득 읊었던 제2오도송을 일러드렸다.

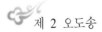
제 2 오도송

해는 서산 달은 동산 덩실하게 얹혀 있고
김제의 평야에는 가을빛이 가득하네
대천이란 이름자도 서지를 못하는데
석양의 마을길엔 사람들 오고 가네

日月兩嶺載同模
金提平野滿秋色
不立大千之名字
夕陽道路人去來

제2오도송을 들으신 전강 대선사님께서는 이에 그치지 않고 그와 같은 경지를 담은 게송을 이 자리에서 즉시 한 수 지어볼 수 있겠냐고 하셨다. 대원 선사님께서는 곧바로 다음과 같이 읊으셨다.

바위 위에는 솔바람이 있고

산 아래에는 황조가 날도다
대천도 흔적조차 없는데
달밤에 원숭이가 어지러이 우는구나

岩上在松風
山下飛黃鳥
大千無痕迹
月夜亂猿啼

　전강 대선사님께서는 위 송의 앞의 두 구를 들으실 때만 해도 지
그시 눈을 감고 계시다가 뒤의 두 구를 마저 채우자 문득 눈을 뜨
고 기뻐하는 빛이 역력하셨다.
　그러나 전강 대선사님께서는 여기에서도 그치지 않고 다시 한 번
물으셨다.
　"대중들이 자네를 산으로 불러내고 그중에 법성(향곡 스님 법제자
인 진제 스님. 동화사 선방에 있을 당시에 '법성'이라 불렸고, 나중에 '법
원'으로 개명하였다.)이 달마불식(達磨不識) 도리를 일러보라 했을 때
'드러났다'라고 답했다는데, 만약에 자네가 당시의 양무제였다면
'모르오'라고 이르고 있는 달마 대사에게 어떻게 했겠는가?"
　대원 선사님께서 답하셨다.
　"제가 양무제였다면 '성인이라 함도 서지 못하나 이러-히 짐의
덕화와 함께 어우러짐이 더욱 좋지 않겠습니까?' 하며 달마 대사의

손을 잡아 일으켰을 것입니다."

전강 대선사님께서 탄복하며 말씀하셨다.

"어느새 그 경지에 이르렀는가?"

"이르렀다곤들 어찌 하며, 갖추었다곤들 어찌 하며, 본래라곤들
어찌 하리까? 오직 이러-할 뿐인데 말입니다."

대원 선사님께서 연이어 말씀하시자 전강 대선사님께서 이에 환
희하시니 두 분이 어우러진 자리가 백아가 종자기를 만난 듯, 고수
명창 어울리듯 화기애애하셨다.

달마불식 공안에 대한 위의 문답은 내력이 있는 것이다. 전강 대
선사님께서 대원 선사님을 부르기 며칠 전에, 저녁 입선 시간 중에
노장님 몇 분만이 자리에 앉아있을 뿐 자리가 텅텅 비어 있었다고
한다.

대원 선사님께서 이상히 여기고 있던 중, 밖에서 한 젊은 수좌가
대원 선사님을 불렀다. 그 수좌의 말이 스님들이 모두 윗산에 모여
기다리고 있으니 가자고 하기에 무슨 일인가 하고 따라가셨다.

그러자 그 자리에 있던 법성 스님이 보자마자 달마불식 법문을
들고 이르라고 하기에 지체없이 답하셨다.

"드러났다."

곁에 계시던 송암 스님께서 또 안수정등 법문을 들고 물으셨다.

"여기서 어떻게 살아나겠소?"

대뜸 큰소리로 이르셨다.

"안·수·정·등."

이에 좌우에 모인 스님들이 함구무언(緘口無言)인지라 대원 선사님께서는 먼저 그 자리를 떠나 내려와 버리셨다.

그 다음날 입승인 명허 스님께서 아침 공양이 끝난 자리에서 지난 밤 입선시간 중에 무단으로 자리를 비운 까닭을 묻는 대중 공사를 붙여 산 중에서 있었던 일들이 낱낱이 드러나고 말았다. 그리하여 입선시간 중에 자리를 비운 스님들은 가사 장삼을 수하고 조실인 전강 대선사님께 참회의 절을 했던 일이 있었다.

전강 대선사님께서는 이때에 대원 선사님께서 달마불식 도리에 대해 일렀던 경지를 점검하셨던 것이다.

이런 철저한 검증의 자리가 있었던 다음 날, 전강 대선사님께서 부르시기에 대원 선사님께서 가보니 주지인 월산(月山) 스님께서 모든 것이 약조된 데에서 입회해 계셨으며 전강 대선사님께서는 곧바로 다음과 같이 전법게(傳法偈)를 전해주셨다.

 전 법 게

부처와 조사도 일찍이 전한 것이 아니거늘
나 또한 어찌 받았다 하며 준다 할 것인가
이 법이 2천년대에 이르러서
널리 천하 사람을 제도하리라

佛祖未曾傳
我亦何受授
此法二千年
廣度天下人

덧붙여 이 일은 월산 스님이 증인이며 2000년까지 세 사람 모두 절대 다른 사람이 알게 하거나 눈에 띄게 하지 않아야 한다고 당부하셨다.

만약 그러지 않을 시에는 대원 선사님께서 법을 펴 나가는데 장애가 있을 것이라고 예언하셨다. 또한 각별히 신변을 조심하라 하시고 월산 스님에게 명령해 대원 선사님을 동화사의 포교당인 보현사에 내려가 교화에 힘쓰게 하셨다.

대원 선사님께서 보현사로 떠나는 날, 전강 대선사님께서는 미리 적어두셨던 부송(付頌)을 주셨으니 다음과 같다.

 부 송

어상을 내리지 않고 이러-히 대한다 함이여
뒷날 돌아이가 구멍 없는 피리를 불러니
이로부터 불법이 천하에 가득하리라

不下御床對如是

後日石兒吹無孔

自此佛法滿天下

　위의 송의 '어상을 내리지 않고 이러-히 대한다 함이여'라는 첫째 줄 역시 내력이 있는 구절이다.

　전에 대원 선사님께서 전강 대선사님을 군산 은적사에서 모시고 계실 당시 마당에서 홀연히 마주쳤을 때 다음과 같은 문답이 있었다.

　전강 대선사님께서 물으셨다.

　"공적(空寂)의 영지(靈知)를 이르게."

　대원 선사님께서 대답하셨다.

　"이러-히 스님과 대담(對談)합니다."

　"영지의 공적을 이르게."

　"스님과의 대담에 이러-합니다."

　"어떤 것이 이러-히 대담하는 경지인가?"

　"명왕(明王)은 어상(御床)을 내리지 않고 천하 일에 밝습니다."

　위와 같은 문답 중에 대원 선사님께서 답하신 경지를 부송의 첫째 줄에 담으신 것이다.

　전강 대선사님께서 대원 선사님을 인가(印可)하신 과정을 볼 때 한 번, 두 번, 세 번을 확인하여 철저히 점검하신 명안종사의 안목에 탄복하지 않을 수 없으며 이에 끝까지 1초의 머뭇거림도 없이 명철하셨던 대원 선사님께 찬탄하지 않을 수 없다.

그리하여 법열로 어우러진 두 분의 자리가 재현된 듯 함께 환희 용약하지 않을 수 없다.

이제 전강 대선사님과 약속한 2천년대를 맞이하였으므로 여기에 전법게를 밝힌다.

이로써 경허, 만공, 전강 대선사님으로 내려온 근대 대선지식의 정법의 횃불이 이 시대에 이어져 전강 대선사님의 예언대로 불법이 천하에 가득할 것이다.

21세기에
인류가 해야 할 일

21세기에 인류가 해야 할 일

이 사람은 1962년 26세 때부터 21세기에 인류에게 닥칠 공해문제, 에너지문제를 예견하고 대체에너지(무한원동기, 태양력, 파력, 풍력 등) 개발과 '울 안의 농법'을 연구하고 그 필요성을 많은 이들에게 이야기해 왔습니다.

당시에는 너무 시대를 앞서가는 이야기여서인지 일반인들이 수용하지 못하고 오히려 불신의 눈으로 바라보며 이 사람의 법마저 의심하였습니다. 하지만 현대에 있어서는 이것이 인류가 해결해야 할 가장 절박한 사안이 되어 있습니다.

'사막화방지 국제연대'를 설립한 것도 현재 인류가 해결해야 할 가장 절박한 지구환경문제를 이슈화시키고 그 해결책을 제시하여 재앙에 직면한 지구촌을 살리기 위해서입니다.

'사막화방지 국제연대'에서 추진하고 있는 사막화 방지, 지구 초원화, 대체에너지 개발은 온 인류가 발 벗고 나서서 해야 할 일입니다.

첫째 사막화 방지에 있어서 기존에 해왔던 '나무심기 사업'은 천문학적인 예산과 많은 인력을 동원하고도 극도로 황폐한 사막화된 환경을 되살리는 데 실패하였습니다.

그래서 이 사람은 사막화 방지에 있어서는 '사막 해수로 사업'을 새로운 방안으로 제시하였습니다.

사막 해수로 사업은 사막화된 지역에 수도관을 매설하여 바닷물을 끌어들여서 염분에 강한 식물을 중심으로 자연생태계를 복원하는 사업입니다.

이것은 나무심기 사업으로 심은 나무들이 절대적으로 물이 부족하여 생존할 수 없었던 문제를 해결할 수 있는, 현재로서는 유일한 해결책입니다.

그러나 '사막화방지 국제연대'의 목적은 사막이 확장되는 것을 방지하자는 것이지 사막 전체를 완전히 없애자는 것은 아닙니다. 인체에서 심장이 모든 피를 전신의 구석구석까지 골고루 보내어 살아서 활동하게 하듯이 사막은 오히려 지구의 심장 역할을 하는 중요한 곳이기 때문입니다.

그래서 21세기에 있어서는 다만 사막의 확장을 방지할 뿐 아니라 사막을 어떻게 운용하느냐를 연구해야 합니다.

사막에 바둑판처럼 사방이 막힌 플륨관 수로를 설치하여 동, 서, 남, 북 어느 방향의 수로를 얼마만큼 채우느냐 비우느냐에 따라, 사막으로부터 사방 어느 방향으로든 거리까지 조절하여, 원하는 지역에 비를 내리게 하고 그치게 할 수 있습니다. 철저히 과학적인

데이터에 의해 이렇게 사막을 운용함으로써 21세기의 지구를 풍요로운 낙원시대로 만들어가야 합니다.

둘째로 지구를 초원화할 수 있는 방안으로서 3년간의 실험을 통해, 광활한 황무지 지역을 큰 비용을 들이거나 많은 인력을 동원하지 않고도 짧은 시간 내에 초지로 바꿀 수 있는 식물을 찾아냈습니다.

그것은 바로 '돌나물'입니다. 돌나물은 따로 종자를 심을 필요가 없이 헬리콥터나 비행기로 살포해도 생존, 번식할 수 있으며, 추위와 더위, 황폐한 땅에서도 살아남을 수 있는 생명력과 번식력이 강한 식물입니다.

지구환경을 되살리는 초지조성 사업에 있어서 이것이 큰 도움이 되리라 생각합니다.

셋째의 대체에너지 개발에 있어서는 태양력, 파력, 풍력 등 1962년도부터 이 사람이 연구하고 얘기해왔던 방법들이 이미 많이 개발되어 실용화한 단계에 있습니다.

이 세 가지 일은 한 개인이나 한 국가가 할 수 있는 일이 아닙니다. 모든 국가가 앞장서서 전 세계적인 사업으로 이루어져야 합니다. 모든 국가가 함께 한 기금조성이 이루어져야 하고 기금조성에 참여한 국가는 이 시스템에 의한 전면적인 혜택을 입을 수 있도록 해야 합니다.

인류 모두가 지혜를 모아 이 일에 전력을 다한다면 인류는 유사이래 가장 좋은 시절을 맞이하게 될 것이며, 만약 이 일을 남의 일인 양 외면한다면 극한의 재앙을 면할 수 없을 것입니다.

이 사람이 오래 전부터 얘기해왔던 '울 안의 농법'은 이미 미국 라스베이거스(Las Vegas)에서 30층짜리 '고층 빌딩 농장'으로 구현되었습니다. 그렇게 크게도 운영될 수 있지만 각자 자신의 집에서 이루어지는 '울 안의 농법'도 필요합니다.

21세기에 있어서 또 하나 인류가 만일의 사태를 대비해서 연구, 추진해야 될 일이 있다면 바닷속에서의 수중생활, 수중경작입니다.

지구가 심하게 온난화될 경우, 공기가 너무 많이 오염될 경우, 바닷물이 높아져 살 땅이 좁아질 경우 등에 대비할 때, 인류는 우주에서의 삶보다는 바닷속에서의 삶을 준비해야 합니다. 왜냐하면 그것이 훨씬 수월하고 비용도 절감할 수 있기 때문입니다.

이렇게 깨달은 이는 이변적으로는 깨달음을 얻게 하여 영생불멸의 삶을 영위할 수 있도록 만인을 이끌어야 하며 사변적으로는 일반인이 예측할 수 없는 백 년, 천 년 앞을 내다보아 이를 미리 앞서 대비하도록 만인의 삶을 이끌어줘야 한다고 생각합니다.

불법의 뜻은 다만 진리 전수에만 있는 것이 아니니, 만인이 서로 함께 영원한 극락을 누릴 때까지 물심양면으로, 이사일여로 베풀어 교화해야 하기 때문입니다.

도서출판 문젠(Moonzen)의 책들

1~5. 바로보인 전등록 (전30권을 5권으로)

7불과 역대 조사의 말씀이 1,700공안으로 집대성되어 있는 선종 최고의 고전으로, 깨달음의 정수가 살아 숨쉬도록 새롭게 번역되었다.

464, 464, 472, 448, 432쪽.
각권 18,000원

6. 바로보인 무문관

황룡 무문 혜개 선사가 저술한 공안집으로 전등록, 선문염송, 벽암록 등과 함께 손꼽히는 선문의 명저이다.
본칙 48개와 무문 선사의 평창과 송, 여기에 역저자인 대원 문재현 선사의 도움말과 시송으로 생명과 같은 선문의 진수를 맛보여 주고 있다.

272쪽. 12,000원

7. 바로보인 벽암록

설두 선사의 설두송고를 원오 극근 선사가 수행자에게 제창한 것이 벽암록이다.
이 책은 본칙과 설두 선사의 송, 대원 문재현 선사의 도움말과 시송으로 이루어져, 벽암록을 오늘에 맞게 바로 보이고 있다.

456쪽. 15,000원

8. 바로보인 천부경

우리 민족 최고(最古)의 경전 천부경을 깨달음의 책으로 새롭게 바로 보였다. 이 책에는 81권의 화엄경을 81자에 함축한 듯한 천부경과, 교화경, 치화경의 내용이 함께 담겨 있으며, 역저자인 대원 문재현 선사가 도움말, 토끼뿔, 거북털 등으로 손쉽게 닦아 증득하는 문을 열어놓고 있다.

432쪽. 15,000원

9. 바로보인 금강경

대원 문재현 선사의 『바로보인 금강경』은 국내 최초로 독창적인 과목을 내어 부처님과 수보리 존자의 대화 이면의 숨은 뜻을 드러내고, 자문과 시송으로 본문의 핵심을 꿰뚫어 밝혀, 금강경 전체를 손바닥 안의 겨자씨를 보듯 설파하고 있다.

488쪽. 15,000원

10. 세월을 북채로 세상을 북삼아

대원 문재현 선사의 선시가 담긴 선시화집 『세월을 북채로 세상을 북삼아』는 선과 시와 그림이 정상에서 만나 어우러진 한바탕이다. 선의 세계를 누리는 불가사의한 일상의 노래, 법열의 환희로 취한 어깨춤과 같은 선시가 생생하고 눈부시게 내면의 소리로 흐른다.

180쪽. 15,000원

11. 영원한현실

애매모호한 구석이 없이 밝고 명쾌하여, 너무도 분명함에 오히려 그 깊이를 헤아리기 어려운, 대원 문재현 선사의 주옥같은 법문을 모아 놓은 법문집이다.

400쪽. 15,000원

12. 바로보인 신심명

신심명은 양끝을 들어 양끝을 쓸어버리는, 40대치법으로 이루어진, 3조 승찬 대사의 게송이다. 이를 대원 문재현 선사가 바로 번역하는 것은 물론, 주해, 게송, 법문을 더해 통쾌하게 회통하고 자유자재 농한 것이 이 『바로보인 신심명』이다.

296쪽. 10,000원

13~17. 바로보인 환단고기 (전5권)

『바로보인 환단고기』 1권은 민족정신의 정수인 환단고기의 진리를 총정리하여 출간하였다. 2권에는 역사총론과 태초에서 배달국까지 역사가 실려 있으며, 3권은 단군조선, 4권은 북부여에서부터 고려까지의 역사가 실려 있다. 5권에는 역사를 증명하는 부록과 함께 환단고기 원문을 실었다.

344 · 368 · 264 · 352 · 344쪽. 각권 12,000원

18~47. 바로보인 선문염송 (전30권)

선문염송은 세계최대의 공안집이다. 전 공안을 망라하다시피 했기에 불조의 법 쓰는 바를 손바닥 들여다보듯 하지 않고 는 제대로 번역할 수 없다. 대원 문재현 선사는 전 공안을 바로 참구할 수 있게끔 번역하고 각 칙마다 일러보였다.

352 368 344 352 360 360 400 440 376 392
384 428 410 380 368 434 400 404 406 440
424 460 472 456 504 528 488 488 480 512쪽
각권 15,000원

48. 앞뜰에 국화꽃 곱고 북산에 첫눈 희다

대원 문재현 선사의 선문답집으로 전강·경 봉·숭산·묵산 선사와의 명쾌한 문답을 실 었으며, 중앙일보의 <한국불교의 큰스님 선문 답> 열 분의 기사와 기자의 질문에 대한 대 원 문재현 선사의 별답을 함께 실었다.

200쪽. 5,000원

49. 바로보인 증도가

선종사에 사라지지 않을 발자취로 남은 영가 선사의 증도가를 대원 문재현 선사가 번역하 고 법문과 송을 더하였다.

자비의 방편인 증도가의 말씀을 하나하나 쳐 가는 선사의 일갈이야말로 영가 선사의 본 의중과 일치하여 부합하는 것이라 아니할 수 없다.

376쪽. 10,000원

50. 바로보인 반야심경

이 시대의 야부(冶父)선사, 대원 문재현 선사가 최초로 반야심경에 과목을 붙여 반야심경 내면에 흐르는 뜻을 밀밀하게 밝혀놓고 거침없는 송으로 들어보였다.

264쪽. 10,000원

51~52. 선(禪)을 묻는 그대에게 (전10권 중 2권)

대원 문재현 선사의 선수행에 대한 문답집. 깨달아 사무친 경지에 대한 밀밀한 점검과, 오후보림에 대한 구체적인 수행법 제시와, 최초의 무명과 우주생성의 원리까지 낱낱이 설한 법문이 담겨 있다.

280쪽, 272쪽. 각권 15,000원

53. 바로보인 선가귀감

선가귀감은 깨닫고 닦아가는 비법이 고스란히 전수되어 있는 선가의 거울이라 할 만하다. 더욱이 바로보인 선가귀감은 매 소절마다 대원 문재현 선사의 시송이 화살을 과녁에 적중시키듯 역대 조사와 서산대사의 의중을 꿰뚫어 보석처럼 빛나고 있다.

352쪽. 15,000원

54. 바로보인 법융선사 심명

심명 99절의 한 소절, 한 소절이 이름 그대로 마음에 새겨두어야 할 자비광명들이다.
이 심명은 언어와 문자이면서 언어와 문자를 초월한 일상을 영위하게 하는 주옥같은 법문이다.
278쪽. 12,000원

55. 주머니 속의 심경

반야심경은 부처님이 설하신 경 중에서도 절제된 경으로 으뜸가는 경이다. 대원 문재현 선사의 선송(禪頌)도 그 뜻을 따라 간략하나 선의 풍미를 한껏 담고 있다. 하루에 한 소절씩을 읽고 참구한다면 선 수행의 지름길이 될 것이다.
84쪽. 5,000원

56. 바로보인 법성게

법성게는 한마디로 화엄경의 핵심부를 온통 훤출히 드러내놓은 게송이다. 짧은 글 속에 일체의 법을 이렇게 통렬하게 담아놓은 법문도 드물 것이다.
이렇게 함축된 법성게 법문을 대원 문재현 선사가 속속들이 밀밀하게 설해놓았다.
176쪽. 10,000원

57. 달다 - 전강 대선사 법어집

이제는 전설이 된 한국 근대선의 거목인 전강 선사님의 최상승법과 예리한 지혜, 선기로 넘쳤던 삶이 생생하게 담겨 있는 전강 대선사 법어집 < 달다 > !

전강 대선사님의 인가 제자인 대원 문재현 선사가 전강 대선사님의 법거량과 법문, 일화를 재조명하여 보였다.

368쪽. 15,000원

58. 기우목동가

그 뜻이 심오하여 번역하기 어려웠던 말계 지은 선사의 기우목동가!

대원 문재현 선사가 바른 뜻이 드러나도록 번역하고, 간결한 결문과 주옥같은 선송으로 다시 보였다.

146쪽. 10,000원

59. 초발심자경문

이 초발심자경문은 한문을 새기는 힘인 문리를 터득하게 하기 위하여 일부러 의역하지 않고 직역하였다.

대원 문재현 선사의 살아있는 수행지침도 실려 있다.

266쪽. 10,000원

60. 방거사어록

방거사어록은 선의 일상, 선의 누림을 보여주는 대표적인 선문이다. 역저자인 대원 문재현 선사는 방거사어록의 문답을 '본연의 바탕에서 꽃피우는 일상의 함'이라 말하고 있다. 법의 흔적마저 없는 문답의 경지를 온전하게 드러내 놓은 번역과, 방거사와 호흡을 함께 하는 듯한 '토끼뿔'이 실려 있다.

306쪽. 15,000원

61. 실증설

이 책의 모태는 대원 문재현 선사가 2010년 2월 14일 구정을 맞이하여 불자들에게 불법의 참뜻을 보이기 위해 홀연히 펜을 들어 일시에 써내려간 이 책의 3부이다. 실증한 이가 아니고는 설파할 수 없는 일구 도리로 보인 이 3부와 태초로부터 영겁에 이르는 성품의 이치를 문답과 인터뷰 법문으로 낱낱이 설한 1, 2를 보아 실증하기를…

224쪽. 10,000원

62. 하택신회대사 현종기

육조대사의 법이 중국천하에 우뚝하도록 한 장본인, 하택신회대사의 현종기. 세간에 지해종도로 알려져 있는 편견을 불식시키는 뛰어난 깨달음의 경지가 여기에 담겨있다. 대원 문재현 선사가 하택신회대사의 실경지를 드러내고 바로보임으로써 빛냈다.

232쪽. 10,000원

63. 불조정맥 - 韓·英·中 3개국어판

석가모니불로부터 현 78대에 이르기까지 불조정맥진영(佛祖正脈眞影)과 정맥전법게(正脈傳法偈)를 온전하게 갖춘 최초의 불조정맥서. 대원 문재현 선사가 다년간 수집, 정리하여 기도와 관조 끝에 완성한 『불조정맥』을 3개국어로 완역하였다.

216쪽. 20,000원

64. 바른 불자가 됩시다

참된 발심을 하여 바른 신앙, 바른 수행을 하고자 해도, 그 기준을 알지 못해 방황하는 불자님들을 위해 불법의 바른 길잡이 역할을 하도록 대원 문재현 선사가 집필하여 출간하였다.

162쪽. 10,000원

65. 누구나 궁금한 33가지

21세기의 인류를 위해 모든 이들이 가장 어렵고 궁금해 하는 문제, 삶과 죽음, 종교와 진리에 대한 바른 지표를 제시하고자 대원 문재현 선사가 집필하여 출간하였다.

180쪽. 10,000원

66. 108진참회문 - 韓·英·中 3개국어판

전생의 모든 악연들이 사라져 장애가 없어지고, 소망하는 삶을 살게 하기 위해 대원 문재현 선사가 10계를 위주로 구성한 108항목의 참회문이다. 한 대목마다 1배를 하여 108배를 실천할 것을 권한다.

　170쪽. 15,000원

67. 달마의 일할도 허락지 않는다

대원 문재현 선사의 짧고 명쾌한 법문집.

책을 잡는 순간 달마의 일할도 허락지 않는 선기와 맞닥뜨리게 될 것이다. 때로는 하늘을 찌를 듯한 기세와, 때로는 흔적 없는 공기와도 같은 향기를 일별하기를…

　190쪽. 10,000원

68. 마음대로 앉아 죽고 서서 죽고

생사를 자재한 분들의 앉아서 열반하고 서서 열반한 내력은 물론 그분들의 생애와 법까지 일목요연하게 수록해놓았다.

　446쪽. 15,000원

69. 화두 - 韓·英·中 3개국어판

『화두』는 대원 문재현 선사의 평생 선문답의 결정판이다. 생생하게 살아있는 선(禪)을 한·영·중 3개국어로 만날 수 있다. 특히 대원 문재현 선사의 짧은 일대기가 실려 있어 그 선풍을 음미하는 데에 큰 도움을 주고 있다.

440쪽. 15,000원

70. 바로보인 간당론

법문하는 이가 법리를 모르고 주장자를 치는 것을 눈먼 주장자라 한다. 법좌에 올라 주장자 쓰는 이들을 위해서 대원 문재현 선사가 간당론에서 선리(禪理)만을 취하여 『바로보인 간당론』을 출간하였다.

218쪽. 20,000원

71. 완전한 우리말 불공예식법

부처님께 공양을 올리고 불보살님의 가피를 구하는 예법 등을 총칭하여 불공예식법이라 한다. 대원 문재현 선사가 이러한 불공예식의 본뜻을 살려서 완전한 우리말본 불공예식법을 출간하였다.

456쪽. 38,000원

72. 바로보인 유마경

유마경은 가히 불법의 최정점을 찍는 경전이라 할 것이니, 불보살님이 교화하는 경지에서의 깨달음의 실경과 신통자재한 방편행을 보여주는 최상승 경전이다. 대원 문재현 선사가 < 대원선사 토끼뿔 >로 이 유마경에 걸맞는 최상승법을 이 시대에 다시금 드날렸다.

568쪽. 20,000원

73. 실증설 5개국어판 - 韓·英·佛·西·中

대원 문재현 선사가 불법의 참뜻을 보이기 위해 홀연히 펜을 들어 일시에 써내려간 실증설! 실증한 이가 아니고는 설파할 수 없는 도리로 가득한 이 책이 드디어 영어, 불어, 스페인어, 중국어를 더하여 5개국어로 편찬되었다.

860쪽. 25,000원

74. 누구나 궁금한 33가지 3개국어판 - 韓·英·中

누구라도 풀어야 할 숙제인 33가지의 의문에 대한 답을 21세기의 현대인에게 맞는 비유와 언어로 되살린 『누구나 궁금한 33가지』가 한글, 영어, 중국어 3개국어로 출간되었다.

408쪽. 15,000원

75. 달마의 일할도 허락지 않는다 3개국어판 - 韓·英·中

대원 문재현 선사의 짧고 명쾌한 법문집인
『달마의 일할도 허락지 않는다』가 한글, 영
어, 중국어 3개국어로 출간되었다. 전세계에
서 유일하게 활선의 가풍이 이어지고 있는
한국, 그 가운데에서도 불조의 정맥을 이은
대원 문재현 선사가 살활자재한 법문을 세
계로 전하고 있는 책이다.

　308쪽. 15,000원

76~87. 화엄경 (전81권 중 12권)

대원 문재현 선사는 선문염송 30권, 전등
록 30권을 모두 역해하여 세계 최초로
1,463칙 전 공안에 착어하였다. 이러한 안
목으로 대천세계를 손바닥의 겨자씨 들여
다보듯 하신 불보살님들의 지혜와 신통으
로 누리는 불가사의한 화엄세계를 열어
보였다.

　206, 256, 264, 278, 240, 288, 276, 224, 220,
　236, 200, 208쪽. 각권 15,000원

88. 법성게 3개국어판 - 韓·英·中

법성게는 한마디로 화엄경의 핵심부를 훤출
히 드러내놓은 게송으로 짧은 글 속에 일체
법을 고스란히 담아 놓았다. 대원 문재현 선
사의 통쾌한 법성게 법문이 한영중 3개국어
로 출간되었다.

　376쪽. 15,000원

89. 정법의 원류

『정법의 원류』는 불조정맥을 이은 정맥선원의 소개서이다. 정맥선원은 불조정맥 제77조 조계종 전강 대선사의 인가 제자인 대원 문재현 전법선사가 주재하는 도량이다. 『정법의 원류』를 통해 정맥선원 대원 문재현 선사의 정맥을 이은 법과 지도방편을 만날 수 있다.

444쪽. 20,000원

90. 바로보인 도가귀감

도가귀감은, 온통인 마음〔一物〕을 밝혀 회복함으로써, 생사를 비롯한 모든 아픔과 고를 여의어, 뜻과 같이 누려서 살게 하고자 한 도교의 뜻을, 서산대사께서 밝혀놓은 책이다. 대원 문재현 선사가 부록으로 도덕경의 중대한 대목을 더하고, 그 대목대목마다 결문(決文)하였다.

218쪽. 12,000원

법문 MP3를 주문판매합니다

부처님의 78대손이신 대원(大圓) 문재현(文載賢) 전법선사님의 법문 MP3가 나왔습니다. 책으로만 보아서는 고준하여 알기 어려웠던 선문(禪文)의 이치들이 자세히 설하여져 있어서, 모든 궁금증을 시원하게 풀어줄 것입니다.

- 천부경 : 15,000원
- 신심명 : 30,000원
- 현종기 : 65,000원
- 기우목동가 : 75,000원
- 반야심경 : 1회당 5,000원 (총 32회)
- 선가귀감 : 1회당 5,000원 (총 80회)

- 금강경 : 40,000원
- 법성게 : 10,000원
- 법융선사 심명 : 100,000원

대원 선사님 작사 노래 CD 주문판매합니다

가슴으로 부르는
불심의 노래

1. 서원가 (3:36)
2. 반조 염불가 (4:00)
3. 소중한 삶 (2:30)
4. 석가모니불 (4:52)
5. 병서의 노래 (4:25)
6. 염원의 노래 (3:25)
7. 음성 공양 (3:51)
8. 발 심 가 (3:05)
9. 자비의 품 (4:10)
10. 부처님 은혜(첫 번째) (4:34)

11. 보살의 마음 (3:50)
12. 이 생에 해야 할 일 (3:08)
13. 구도의 목표 (3:18)
14. 님은 아시리 (3:42)
15. 부처님 은혜(두 번째) (4:34)
16. 성중성인 오셨네 (3:10)
17. 내 문제는 내가 풀자 (2:38)
18. 즐거운 밤 (2:27)
19. 참 음 가 (2:48)

• 가격 : 2만원

가슴으로 부르는
불심의 노래 2

1. 부 처 님 (4:01)
2. 열반재일 (3:09)
3. 성도재일 (4:00)
4. 석굴암의 노래 (3:19)
5. 님의 모습 (3:15)
6. 믿고 따르세 (2:55)
7. 신명을 다하리 (4:17)
8. 부처님께 바치는 마음 (3:49)
9. 감사합니다 (3:10)
10. 교 화 가 (4:30)

11. 성전강 소초 (3:08)
12. 권 수 가[1] (3:02)
13. 권 수 가[2] (3:02)
14. 우란분재일 (3:38)
15. 고맙습니다 (2:31)
16. 믿음으로 여는 세상 (3:05)
17. 출가재일 (2:44)
18. 염 원 (2:52)
19. 우리네 삶, 고운 수로 (2:35)
20. 숲속의 마음 (2:33)

• 가격 : 1만5천원

문의 전화 ☎ 031-534-3373

유튜브에서 채널 구독하시고
무료로 찬불가 앨범을 감상하세요

유튜브에서 MOONZEN을 검색하시거나
아래의 주소로 접속해주세요

http://www.youtube.com/user/officialMOONZEN

화엄경 13권은 도봉정사 서울정맥선원 박엽래님의 보시에 의해 출간되었습니다. 이 무량공덕으로 구경성불하시기를 기원합니다.